PE 21世纪高等职业教育财经类规划教材
财务会计类

工业和信息化高职高专"十二五"
规划教材立项项目

出纳实务（第2版）

Cashier Practice (2nd Edition)

◎ 左卫青 冯素平 主编　　◎ 崔玉娟 副主编　　◎ 高丽萍 主审

人民邮电出版社
北 京

图书在版编目（ＣＩＰ）数据

出纳实务 / 左卫青，冯素平主编. -- 2版. -- 北京：
人民邮电出版社，2015.8（2023.7重印）
21世纪高等职业教育财经类规划教材. 财务会计类
ISBN 978-7-115-39004-2

Ⅰ. ①出… Ⅱ. ①左… ②冯… Ⅲ. ①出纳—会计实
务—高等职业教育—教材 Ⅳ. ①F233

中国版本图书馆CIP数据核字（2015）第141789号

内 容 提 要

本书以培养学生出纳岗位的岗位能力为核心，详细介绍了出纳基本功、现金管理、银行结算以及涉税业务等内容。

本书以工作过程为导向，按照实际工作需要开展项目教学。每个项目分解为若干任务，每个任务由任务引入、相关知识、任务实施和岗位能力训练 4 个部分组成。通过学习和训练，学生能够胜任出纳岗位的工作。

本书可作为高职院校会计、会计电算化等财经类专业的教学用书，也可满足在职财会人员业务学习和岗位培训的需要。

◆ 主　　编　左卫青　冯素平
　　副 主 编　崔玉娟
　　主　　审　高丽萍
　　责任编辑　李育民
　　责任印制　杨林杰
◆ 人民邮电出版社出版发行　　北京市丰台区成寿寺路 11 号
　　邮编　100164　　电子邮件　315@ptpress.com.cn
　　网址　http://www.ptpress.com.cn
　　北京七彩京通数码快印有限公司印刷
◆ 开本：787×1092　1/16
　　印张：12.5　　　　　　　　　2015 年 8 月第 2 版
　　字数：281 千字　　　　　　　2023 年 7 月北京第 10 次印刷

定价：29.80 元

读者服务热线：(010)81055256　印装质量热线：(010)81055316
反盗版热线：(010)81055315
广告经营许可证：京东市监广登字20170147号

"出纳实务"是会计职业岗位群中操作性和政策性较强的技能基础课程，对其他财会类课程起着奠基石的作用，对会计职业能力的培养、会计职业素养的养成、会计人员从业资格的取得都具有明显的支撑作用和有力的促进作用。

我们在 2012 年编写的《出纳实务》一书自出版以来，受到了众多高职高专院校的欢迎。为了更好地满足广大高职高专院校学生学习出纳技能的需要，我们结合近几年的教学改革实践和广大读者的反馈意见，在保留原书特色的基础上，对教材进行了全面的修订。这次修订的主要内容如下。

（1）对本书第 1 版中存在的错误和疏漏进行了修正。

（2）根据国家最新出台的法律、法规修改了相关内容，如税务登记等。

（3）增加了网银业务，满足经济发展的需要。

（4）对部分内容进行完善，使教材更有条理、更易于操作，如基本存款账户等。

在本书的修订过程中，我们始终贯彻以工作过程为导向、以工作需要为依据选取教学内容的指导思想。基于出纳岗位的实际工作需要，兼顾学生未来职业发展的要求和会计从业资格证书考试的需要，我们选择了贴近工作实际的 5 个典型项目作为教学内容，每个项目分解为若干任务，每个任务由任务引入、相关知识、任务实施和岗位能力训练 4 个部分组成。在任务引入部分，给出典型工作任务；在相关知识部分，介绍完成任务所需的基本知识和基本技能；在任务实施部分，介绍执行任务的完整过程；在岗位能力训练部分，提供形式多样的习题，供学生强化训练并检测学习效果。修订后的教材内容比以前更加具有可操作性，内容的叙述更加准确、规范。

本书由左卫青、冯素平任主编，崔玉娟任副主编。具体编写任务如下：绪论和项目五由左卫青编写，项目一和项目二由崔玉娟编写，项目三和综合练习由冯素平编写，项目四由任纪霞、左卫青编写；全书由左卫青制定写作大纲及总纂定稿；高丽萍主审。在前期的分析调研及资料采集过程中，合作企业齐鲁石化公司和山东兴华有限责任会计师事务所的相关人员付出了大量的时间和精力，广东东华职业学院的杨慧老师对本书的修订提出了很多宝贵的意见。在此，向所有关心和支持本书出版的各位同仁表示衷心的感谢！

由于编者水平有限，书中难免存在一些错漏或不尽人意之处，望广大读者批评指正。来信请至 zwq225@126.com。

左卫青

2015年5月

目 录

目 录

出纳岗位认知

【学习目标】

知识目标： 正确理解出纳的含义以及出纳工作的特点和组织形式；理解出纳与会计的关系以及出纳工作的基本原则；了解出纳人员的职权以及出纳人员应具备的基本素质；掌握出纳人员的回避制度。

情感目标： 培养一丝不苟、严谨务实的职业意识；培养职业责任感，树立会计岗位意识和职业道德观念。

一、什么是出纳

出纳作为会计名词，就内容来看，至少包括两层意思：一是出纳工作；二是出纳人员。

1. 出纳工作

出纳工作是管理货币资金、票据、有价证券的收入和支出的一项工作。具体来说，出纳就是按照国家现金管理的相关规定和制度，办理现金收付、银行结算及相关账务，保管库存现金、有价证券、财务印章及有关票据等工作的总称。从广义上讲，只要是涉及票据、货币资金和有价证券的收付、保管、核算，就属于出纳工作的范围。从狭义上讲，出纳工作仅指各单位会计部门专设出纳岗位或人员的各项工作。

2. 出纳人员

出纳人员通常简称为出纳。从广义上讲，出纳人员既包括会计部门的出纳工作人员，也包括业务部门的各类收银员。从工作内容、方法、要求，以及本身应具备的素质等方面来看，各类收银员与会计部门的专职出纳人员有很多相同之处，因此同样属于出纳人员的范畴。而狭义的出纳人员仅指会计部门的出纳人员。

无论是出纳人员还是各类收款人员，他们的主要工作都是填制和审核原始凭证、办理货币资金和各种票据的收入，保证自己经手的货币资金和票据的安全与完整。他们除了要有过硬的出纳业务知识外，还必须具备良好的财经法纪素养和职业道德修养。但会计部门的出纳人员与收银员也有不同之处：收银员一般工作在经济活动的第一线，各种票据和货币资金的收入，特别是货币资金的收入，通常是由他们转交给专职出纳人员；收银员的工作过程是收入、保管、核对与上交，一般不专门设置账户进行核算。所以，也可以说，收银员是出纳机构的派出人员，是各单位出纳队伍中的一员，他们的工作是整个出纳工作的一部分。

企业的日常经营与货币资金的收付直接相关。为了加强货币资金的管理，提高货币资金的使用效率，保证货币资金的安全完整，任何单位都应该根据实际情况设置出纳岗位，配备专职的出纳人员，专门负责货币资金的保管、收支和结算，随时掌握资金的收支和结存情况。

> **【知识链接】出纳的含义**
>
> "出纳"是会计名词，所谓"出"即支出的意思，而"纳"则是收入的意思。这两个字组合则非常准确地表明了出纳业务的核心要义，即货币资金的收入与支出。

二、出纳工作的特点

出纳工作是会计工作的组成部分，具有一般会计工作的属性，但出纳又是一个专门的岗位、一项专门的技术。因此，出纳又具有自身独有的工作特点，其主要表现在以下几个方面。

1. 社会性

出纳工作涵盖着一个单位货币资金的收付、存取活动，而这些活动是置身于整个社会经济活动的大环境之中的，是和整个社会的经济运转相联系的。只要这个单位发生经济活动，就必然要求出纳人员处理相关经济关系。出纳人员要经常去银行，还要了解国家有关财会政策法规并参加这方面的学习和培训等。因此，出纳工作具有广泛的社会性。

2. 专业性

出纳作为会计工作的一个重要岗位，有着专门的操作技术和工作规则，包括如何填制、审核会计凭证，如何登记现金、银行存款日记账，如何编制银行存款余额调节表，如何收付现金，如何签发支票、办理银行结算，如何使用保险柜，如何保管票据、印鉴，如何使用电脑、点钞机、验钞机等。因此，作为一名出纳人员，要做好出纳工作，就必须加强业务学习，参加职业培训，不断更新会计知识，熟练使用现代化办公用具，在实践中不断探索、积累经验，掌握出纳工作的技能。

3．政策性

出纳工作直接与货币资金接触，担负着现金收付、银行结算以及各种有价证券的保管等重要任务，是一项政策性很强的工作，其工作的每一个环节都必须依照国家规定进行，如办理现金收付要按照国家现金管理规定进行，办理银行结算业务要根据国家银行结算办法进行。因此，要做好出纳工作，就必须熟悉并掌握相关政策法规制度，如《中华人民共和国会计法》、《现金管理暂行条例及实施细则》、《支付结算办法》、《票据法》、《会计基础工作规范》、《会计人员职权条例》等，提高自身政策水平。

4．时限性

出纳工作具有很强的时限性，如每月要按时发放职工工资；要定期将银行存款日记账与银行对账单进行核对，编制银行存款余额调节表；要及时登记现金、银行存款日记账并日清月结；要严格按照规定的时间签发票据等。所以，出纳人员必须要有很强的时间观念，及时办理各项业务。

三、出纳工作的组织形式

合理地设置出纳机构，是保证出纳工作顺利进行的基础。我国《会计法》对设置出纳机构和配备出纳人员没有做出硬性规定，各单位可以根据自身特点、规模大小和业务繁简来自行设置。出纳机构一般设置在会计机构内部，规模小的单位也可在其他部门设置一名兼职出纳人员。

出纳人员设置也要以业务需要为原则，既要满足出纳工作量的需要，符合内部牵制原则，又要避免人浮于事的现象。一般可以采取一人一岗、一人多岗、多人一岗等几种形式。

一人一岗：规模不大的单位，出纳工作量不大，可设专职出纳人员一名，这是最为常见的形式。

一人多岗：规模较小的单位，特别是那些无条件单独设置会计机构的单位，至少要在其他机构（如后勤部门）中配备兼职出纳人员一名，但兼职出纳人员不得兼管收入、费用、债权、债务账簿的登记及稽核工作和会计档案的保管工作。

多人一岗：规模较大的单位，出纳工作量较大，可设多名出纳人员，分别负责不同的出纳工作。

四、出纳工作的基本原则

出纳工作的基本原则主要指内部牵制原则（即钱账分管原则）。《会计法》第三十七条规定："会计机构内部应当建立稽核制度。出纳人员不得兼任稽核、会计档案保管和收入、支出、费用、债权债务账目的登记工作。"

所谓钱账分管原则，是指凡是涉及款项和财物收付、结算及登记的任何一项工作，必须由两人或两人以上分工办理，以起到相互制约的作用。例如，支付现金或银行存款，应由会计主管人员或其

你问我答：
为什么出纳人员不得兼任稽核工作？

授权的代理人审核、批准，出纳人员付款，记账人员记账；发放工资，应由工资核算员编制工资单，出纳人员填制现金支票到银行提取现金、发放工资，记账人员记账。实行钱账分管，主要是为了加强会计人员之间的相互制约、相互监督、相互核对，提高会计核算质量，防止工作误差和营私舞弊行为。

五、出纳与会计的关系

从所分管的账簿来看，会计可分为总账会计、明细分类账会计和出纳。三者既有区别又有联系，既有分工又有协作。

1. 各有各的分工

出纳与会计之间有着明确的分工，工作上各有侧重。总账会计负责企业经济业务的总括核算，为企业经济管理和经营决策提供总括的、全面的核算资料；明细分类账会计分管企业的明细账，为企业经济管理和经营决策提供明细分类核算资料；出纳则分管企业票据、货币资金以及有价证券等的收付、保管、核算工作，为企业经济管理和经营决策提供各种金融信息。

2. 互相依赖又互相牵制

出纳、明细分类账会计和总账会计之间，有着很强的相互依赖性，他们核算的依据相同，都是会计原始凭证和会计记账凭证。这些作为记账依据的会计凭证，必须在出纳、明细分类账会计和总账会计之间按照一定的顺序传递。他们互相利用对方的核算资料，共同完成会计任务，不可或缺。

同时，他们之间又互相牵制与控制。出纳的现金和银行存款日记账与总账会计的现金和银行存款总分类账、总分类账与其所属的明细分类账、明细账中的有价证券与出纳账中相应的有价证券账，有金额上的等量关系。

3. 出纳核算是特殊的明细核算

出纳核算也是一种特殊的明细核算。它要求分别按照库存现金和银行存款设置日记账，银行存款还要按照存款的银行分别设置日记账，逐笔序时地进行明细核算。库存现金日记账要每天结出余额，并与库存数进行核对；"银行存款日记账"要在月内多次结出余额，与银行对账单进行核对。

4. 出纳工作是一种账实兼管的工作

出纳既要进行出纳账务处理，又要进行现金、有价证券等实物的管理和银行存款收付业务。在这一点上，出纳和其他财会工作有着显著的区别。除了出纳，其他财会人员都是管账不管钱，管账不管物。

5. 出纳工作直接参与经济活动过程

货物的购销，必须经过两个过程：货物移交和货款结算。其中，货款结算即货物价款的收入和支付，必须通过出纳工作来完成，往来款项的支付、各种有价证券的经营以及其他金融业务的办理，更离不开出纳人员的参与，这也是出纳工作的一个显著特点。其他财务工作一般不直接参与经济活动过程，而只对其进行反映和监督。

六、出纳人员的职责和权限

1．出纳人员的职责

出纳是会计工作的重要环节，其业务涉及企业的现金收付、银行结算等活动，直接关系到个人、单位乃至国家的经济利益，一旦出现差错，就会造成不可挽回的损失。因此，明确出纳人员的职责和权限，是做好出纳工作的基本条件。根据我国的《会计法》、《会计基础工作规范》等财会法规，出纳人员具有以下职责。

（1）办理现金收付业务。出纳人员要严格按照国家有关现金管理的规定，办理现金收付业务。具体来说，出纳人员应严格遵守现金开支范围，非现金结算范围不得用现金收付；遵守库存现金限额，超限额的现金按规定及时送存银行。

（2）办理银行存款收付业务。出纳人员要严格按照国家有关银行账户和银行结算的管理规定，办理银行存款收付业务。出纳人员应掌握好银行存款余额，不准签发空头支票，不准出租、出借银行账户为其他单位和个人办理结算。

（3）办理资金核算业务。出纳人员应根据有关会计制度的规定，在办理现金和银行存款收付业务时，严格审核有关原始凭证，再据以填制收付款凭证，然后根据填制的收付款凭证逐笔顺序登记现金日记账和银行存款日记账，并结出余额。每日下班前，出纳人员还应核对现金日记账的账面余额与库存现金实有数额，发现问题时要及时查对；及时核对银行存款账与银行对账单，如有不符，应立即查找原因及时处理。

（4）保管现金和有价证券。出纳人员要保管好企业持有的库存现金和各种有价证券（如国库券、债券、股票等），保证它们的安全与完整。如果发生短缺，属于出纳人员责任的，要进行赔偿。

（5）保管印鉴和各种票据。出纳人员要保管好有关印鉴、空白收据和空白支票。单位的财务专用章和支票要分开保管；交由出纳人员保管的出纳印章应严格按规定的用途使用；各种票据要严格按照规定办理领用和注销手续，尤其是对于空白支票等专用票据，更要妥善保管。

（6）办理外汇出纳业务。外汇出纳业务是政策性很强的工作，随着改革开放的深入发展，国际经济交往日益频繁，外汇出纳也越来越重要。出纳人员应熟悉国家外汇管理制度，及时办理结汇、购汇、付汇，避免国家外汇损失。

2．出纳人员的权限

根据《会计法》等财会法规，出纳人员具有以下权限。

（1）维护财经纪律，执行财会制度，抵制不合法的收支和弄虚作假行为。

《会计法》规定：各单位的会计机构、会计人员要对本单位实行会计监督。会计机构、会计人员对不真实、不合法的原始凭证，不予受理；对记载不准确、不完整的原始凭证，予以退回，要求更正、补充。会计机构、会计人员发现会计账簿记录与实物、款项不相符的，按照国家统一会计制度的规定有权自行处理的，应当及时处理；无权自行处理的，应当立即向单位负责人报告，请求查明原因，作出处理。

会计机构、会计人员对违法的收支，应当制止和纠正；制止和纠正无效的，应当向单位领导人提出书面意见，要求处理。单位领导人应当自接到书面意见之日起 10 日内作出书面决定，并对决定承担责任。

会计机构、会计人员对违法的收支，不予制止和纠正，又不向单位领导人提出书面意见的，也应当承担责任。

对严重违法、损害国家和社会公众利益的收支，会计机构、会计人员应当向主管单位或者财政、审计、税务机关报告，接到报告的机关应当负责处理。

（2）管好、用好货币资金。出纳人员每天都和货币资金打交道，单位的一切货币资金往来都与出纳工作紧密相连，货币资金的来龙去脉及周转速度的快慢，出纳员都应清清楚楚。因此，提出合理安排利用资金的意见和建议，及时提供货币资金使用与周转的信息，也是出纳人员义不容辞的责任。出纳人员应抛弃被动的工作观念，树立主动参与意识，把出纳工作放到整个会计工作、经济管理工作的大范围中，这样，既能提升出纳工作的价值，又为出纳工作开辟了新的视野。

七、出纳人员的基本素质

由于出纳是一个每日与金钱打交道的特殊职业，所以出纳人员的素质便显得极其重要。作为称职的出纳人员，必须具备良好的职业道德、较高的政策水平、熟练的专业技能和严谨细致的工作作风。

1. 良好的职业道德

会计职业道德是会计人员在职业活动中应当遵循的体现会计职业特征的、调整会计职业关系的职业行为准则和规范。我国会计职业道德的主要内容包括：爱岗敬业、诚实守信、廉洁自律、客观公正、坚持准则、提高技能、参与管理和强化服务。

（1）爱岗敬业。爱岗敬业指的是忠于职守的事业精神，这是会计职业道德的基础。爱岗敬业的基本要求是正确认识会计职业，树立职业荣誉感，热爱会计工作，敬重会计职业，安心工作，任劳任怨，严肃认真，一丝不苟，忠于职守，尽职尽责。出纳人员应当热爱本职工作，安心本职岗位，全身心投入会计事业，敬业、精业、勤业，努力钻研业务，勤学苦练，不断进取，逐步提高业务水平，使自己的知识和技能适应所从事工作的要求。

（2）诚实守信。诚实是指言行与内心思想一致，不弄虚作假，不欺上瞒下，说老实话，办老实事，做老实人。守信就是讲信用，重信用，信守诺言，保守秘密。诚实守信的基本要求是做老实人，说老实话，办老实事，保密守信，不弄虚作假，不为利益所诱惑。

会计工作的特点决定了诚实守信是会计职业道德之本，出纳人员要谨慎执业，信誉至上，不为利益所诱惑，不弄虚作假，保证所提供的会计信息合法、真实、准确、及时、完整。

出纳人员应当严格保守本单位的商业秘密，除法律规定和单位同意外，不得私自向外界提供或泄露本单位的会计信息。具体来说，出纳人员应当确立泄露商业秘密是大忌的观念，对于自己知悉的内部机密要严格保守，不能信口吐露，更不能为了一己私利而向外界提供。

【知识链接】诚信为本　操守为重

中国现代会计学之父潘序伦先生终身倡导："立信，乃会计之本。没有信用，也就没有会计"，"信以立志、信以守身、信以处事、信以待人，毋忘立信，当必有成"。

朱镕基同志在 2001 年视察北京国家会计学院时，为北京国家会计学院题写校训："诚信为本，操守为重，坚持准则，不做假账。"这是对广大会计人员和注册会计师最基本的要求。

（3）廉洁自律。廉洁就是不贪污钱财，不收受贿赂，保持清白。自律就是自我约束、自我控制。廉洁自律的基本要求是树立正确的人生观和价值观，公私分明，不贪不占，遵纪守法，尽职尽责。廉洁自律是会计职业道德的前提。出纳人员直接掌握着一个单位的货币资金，时刻都经受着金钱的诱惑，如果要将公款据为己有或挪作他用，有方便的条件和较多的机会。在目前已经揭露的经济犯罪案件中，出纳人员利用职务之便贪污舞弊、监守自盗的案件屡见不鲜，为避免出现此类现象，出纳人员必须树立正确的人生观和价值观，遵纪守法，公私分明，不贪不占，清正廉洁。

（4）客观公正。客观是指按其本来面目去反映，不掺杂个人的主观意愿，也不为他人意见所左右。公正就是公平、正直。客观公正的基本要求包括端正态度，依法办事，实事求是，不偏不倚，保持独立性。出纳人员在工作过程中，必须遵守各种法律、法规、准则和制度，依法办事，保持客观公正的态度，实事求是，不偏不倚，正确处理国家、单位和个人的利益关系。

（5）坚持准则。坚持准则是指出纳人员在处理业务的过程中，要严格按照会计法律制度办事，不为主观或他人意志所左右。这里所说的"准则"，不仅包括会计准则，而且包括会计法律、法规、国家统一的会计制度和与会计工作相关的法律制度。坚持准则要求出纳人员熟悉会计法律、法规、国家统一的会计制度和与会计工作相关的法律制度，始终坚持按照这些法律、法规和制度的要求去进行会计核算，实施会计监督。

出纳是一个敏感的工作岗位，涉及钱和单位的诸多机密，所以单位对该岗位人员的可靠性特别关注，能力和学识倒在其次了。

做出纳就像做人，人品是最重要的，真诚、敬业必能取得信任。

（6）提高技能。提高技能是指会计人员通过学习、培训和实践等途径，持续提高职业技能，以达到和维持足够的专业胜任能力的活动。遵守会计职业道德客观上需要不断提高会计职业技能。出纳人员要增强提高专业技能的自觉性和紧迫感，勤学苦练，刻苦钻研，不断进取，提高业务水平。

会计工作不只是记账、算账、报账，更重要的是积极参与管理。

（7）参与管理。参与管理是指参加管理活动，为管理者当参谋，为管理活动服务。出纳人员在做好本职工作的同时，要努力钻研相关业务，全面熟悉本单位的经营活动和业务流程，主动提出合理化建议，协助领导决策，积极参与管理。

（8）强化服务。出纳人员要树立服务意识，提高服务质量，努力维护和提升会计职业的良好社会形象。

2. 较高的政策水平

出纳人员每天要处理大量的票据并进行收付结算，哪些结算方式不宜采用、哪些票据不能报销、哪笔金额不能支付等，都必须以国家有关会计、财税、金融法规及制度为依据。所以，出纳工作是一项政策性很强的管理工作。为了做好出纳工作，出纳人员必须加强学习，了解、熟悉和掌握现行的政策法规和会计制度，以及本单位的财务管理规定等，不断提高自己的政策水平，为企业把好关口、做好卫士。

3. 熟练的专业技能

在日常的出纳工作中，打算盘、操作电脑、填票据、点钞票等，都需要深厚的基本功。作为专职出纳人员，不但要具备处理一般会计事务的财会专业基本知识，还要具备较高的处理出纳事务的专业知识、相关技能以及较强的数字运算能力。出纳人员在数据运算方面必须具备较快的速度和非常高的准确性，在快和准的关系上，要把准确放在第一位，要准中求快。

4. 严谨细致的工作作风

出纳人员每天和金钱打交道，稍有不慎就会造成意想不到的损失，所以必须养成与出纳岗位相符合的工作作风，概括起来就是精力集中、有条不紊、严谨细致、沉着冷静。精力集中就是工作起来要全身心地投入，不为外界所干扰；有条不紊就是要将计算器具摆放整齐，将钱款票据存放有序，保持办公环境整洁不乱；严谨细致就是要认真仔细，做到收支计算准确无误，手续完备，避免工作差错；沉着冷静就是要在复杂的环境中随机应变，灵活机智。

【知识链接】出纳工作的岗前准备

（1）深入学习会计业务、财经法规，跨越入职门槛（会计从业资格证）。

（2）了解企业的基本情况、规章制度和企业文化。

（3）了解企业的产品、工艺和操作流程。

（4）了解企业的组织架构和人员配备。

（5）加强与会计人员及相关岗位人员的沟通。

八、出纳人员的回避制度

回避制度是指为了保证执法或者执业的公正性，对由于某种原因可能影响其公正执法或执业的人员实行任职回避和业务回避的一种制度。回避制度已成为我国人事管理的一项重要制度。

《会计基础工作规范》规定："国家机关、国有企业、事业单位任用会计人员应当实行回避制度。单位领导人的直系亲属不得担任本单位的会计机构负责人、会计主管人员。会计机构负责人、会计主管人员的直系亲属不得在本单位会计机构中担任出纳工作。"需要回避的亲属关系包括夫妻关系、直系血亲关系、三代以内旁系血亲以及近姻亲关系。

（1）夫妻关系。夫妻关系是血亲关系和姻亲关系的基础和源泉，它是亲属关系中最核心、最重要的部分，当然需要回避。

（2）直系血亲关系。直系血亲关系是指具有直接血缘关系的亲属，法律上有两种情况：一种是指出生于同一祖先，有自然联系的亲属，如祖父母、父母、子女等；另一种是指本来没有自然的或直接的血缘关系，但法律上确定其地位与血亲相等，如养父母和养子女之间的关系。直系血亲关系是亲属关系中最为紧密的关系之一，也应当列入回避范围。

（3）三代以内旁系血亲以及近姻亲关系。旁系血亲是指源于同一祖先的非直系的血亲。所谓三代，就是从自身往上或者往下数三代以内，除了直系血亲以外的血亲，就是三代以内旁系血亲，实际上就是自己的兄弟姐妹及其子女与父母的兄弟姐妹及其子女。所谓近姻亲，主要是指配偶的父母、兄弟姐妹、儿女的配偶及儿女配偶的父母。因为三代以内旁系血亲以及近姻亲关系在亲属中也是比较亲密的关系，所以也需要回避。

> 【知识链接】会计专业学生的职业发展方向
>
> 第一种是"做会计的"，即从事会计核算、会计信息披露的狭义上的会计人员。
>
> 第二种是"查会计的"，包括注册会计师以及政府和企业、事业单位审计部门的审计人员、资产清算评估人员。
>
> 第三种是"管会计的"，也就是与会计管理有关的政府部门管理人员和其他政府部门及其他非营利组织的会计业务人员。
>
> 第四种是"研究会计的"，包括从事会计教学的工作人员以及从事会计研究的专职研究人员。

岗位能力训练

一、课堂讨论

1. 出纳人员每天和金钱打交道，稍有不慎就会造成意想不到的损失。你认为与出纳岗位相符合的工作作风是怎样的？

2. 朱镕基同志先后三次为国家会计学院题写校训，寄语中国会计不做假账，你对此有何感想？

3. 你认为出纳人员如何能够做到"常在河边走，就是不湿鞋"？

4. 你对自己的职业生涯有什么样的规划？

二、单项选择

1. 下列项目符合会计法规定的是〔　　　〕。

    A. 出纳可以兼管债权债务的登记

    B. 出纳可以兼记固定资产明细账，但不得兼管稽核

    C. 出纳既不能兼记固定资产明细账又不能兼管稽核

    D. 出纳既能兼记固定资产明细账又能兼管稽核

2. 会计人员不做假账是会计职业道德（　　　）的基本要求。

    A. 文明服务　　　　B. 客观公正　　　　C. 诚实守信　　　　D. 坚持准则

3. "常在河边走，就是不湿鞋"体现了会计职业道德（　　　）的精神。

    A. 爱岗敬业　　　　B. 坚持准则　　　　C. 诚实守信　　　　D. 廉洁自律

4. 单位负责人的直系亲属不得在本单位（　　　）。

    A. 担任出纳　　　　　　　　　　B. 担任会计机构负责人

    C. 从事会计工作　　　　　　　　D. 担任内部稽核

5. 会计人员应当保守工作中知悉的单位商业秘密是会计职业道德（　　　）的基本要求。

    A. 爱岗敬业　　　　B. 诚实守信　　　　C. 坚持准则　　　　D. 廉洁自律

6. 下列各项中，不属于不相容职务分离原则的岗位是（　　　）。

    A. 出纳与债权债务登记　　　　　B. 出纳与稽核

    C. 出纳与现金保管　　　　　　　D. 出纳与会计档案管理

7. 客观公正的基本要求包括（　　　）。

    A. 端正态度，依法办事，实事求是，保持独立性

    B. 公私分明，依法办事，实事求是，保持独立性

    C. 端正态度，坚持准则，实事求是，保持独立性

    D. 端正态度，忠于职守，实事求是，保持独立性

8. 会计工作的特点决定了（　　　）是会计职业道德之本。

    A. 诚实守信　　　　B. 廉洁自律　　　　C. 公平公正　　　　D. 坚持准则

9. （　　　）是会计人员最基本的职业道德。

    A. 不做假账　　　　B. 依法建账　　　　C. 依法办事　　　　D. 客观公正

10. 会计人员赵某对利用现代信息技术手段加强经营管理颇有研究。"非典"期间，赵某向公司建议，开辟网上业务洽谈，并实行优惠的折扣政策。公司采纳了赵某的建议，当期销售额克服了"非典"影响，保持了快速增长。赵某的行为所体现出的会计职业道德是（　　　）。

    A. 爱岗敬业　　　　B. 坚持准则　　　　C. 参与管理　　　　D. 强化服务

三、案例分析

1. 2015 年 3 月，星月集团主管会计王林因病休假一个月，因一时找不到合适人选，故公司决定由出纳员丁冬兼任王林的收入、费用账目的登记工作。请分析这种做法是否符合我国会计法的规定，简要说明理由。

2. 星月集团资金紧张，需向银行贷款 600 万元。集团总经理请主管会计王林对集团提供给银行的会计报表进行粉饰。王林感恩于经理平时对自己的关照，于是编制了一份经过技术处理后"漂亮"的会计报告，从而促成了星月集团获得银行贷款。请分析王林粉饰会计报表的做法是否符合相关规定，简要说明理由。

四、课外阅读

好出纳的"七心丹"

我从事财务工作 20 年，两次担任出纳。第一次是 1985 年，我刚参加工作，只做

了半年出纳就转做会计，2005 年我又重操旧业，至今一月有余。忆昔抚今，感触良多。出纳承担着财务工作链中最后一个环节的职责，应收的款项悉数尽收，该支的费用全部付清，相关经济业务方算完成。通过实践，我琢磨出做好出纳工作必须炼就"七心丹"，列举如下。

1．开心

态度决定一切，心态左右行动。尽管有丰富的会计工作经验，一手筹建了一个独立核算单位的财务工作，多年来同其一起成长壮大，单位的财务成果似雪球越滚越大，本人也于 2000 年受聘为高级会计师，但我觉得有必要再当一回出纳。这种换位对当好会计大有益处。天天跑银行，时时收付款，具体琐碎的事务不但使财会业务能力与时俱进，更能提升综合判断分析能力及有效解决问题的能力。

2．细心

匠心独运出奇巧，妙手神抓显功夫。将钞票依不同面值分类摆放，付款时按从小到大或从大到小的顺序进行，这样做有两个好处：一是有次序地取款并报数付出不易出错；二是和报账人之间建立了和谐的互动关系，收付款的过程对方看得一清二楚，可以说是同步复核了一遍。这样的付款方式看似慢，实则事半功倍，一次成功。

细心观察本单位的业务特点，对出纳应做的工作内容胸有成竹，并结合《会计法》、《会计基础工作规范》等相关法规，精心整理出所在单位的《出纳岗位职责》，将其作为日常工作行为指南。将"日清月结、保证资金安全"等原则渗透进每日经办的具体事项中。当然，20 年的发展变化，使出纳的职责和权限都有所改变，工作内容及方式更加丰富。20 世纪 80 年代，出纳的日常工作基本上是开支票、跑银行、收付现金、记账盘库；而如今，审核会计凭证、办理外汇业务、用财务软件处理账务、刷卡支付都是出纳的平常工作。简单枯燥的劳动向复杂有趣的智力型劳动过渡，这就需要出纳勇于挑战自我，常怀好奇心，开辟新视野，不断学习相关业务知识，加强财务管理能力。仔细研究银行提供的各种金融服务，择其优者为我用，提高工作效率。向领导提出理财的合理化建议，消除隐患，规避风险。

3．热心

举手之劳勤为之，抬腿几步与人便。为了保证会计凭证装订起来更美观，就要从原始单据的正确粘贴做起。对司机等经常报销者，出纳要热情地为其示范按标准方式粘贴报销单据。报账人有时因业务繁忙，将报销凭证留在财务部门便离开了，会计做好凭证后，出纳应通知报账人来领款。对无暇前来者可亲自送钱过去。

4．耐心

微笑服务，不厌其烦。对进出财务办公室的人员，不论老少，报之以微笑，道一声问候。遇到报账人较多，都着急领钱时，出纳切记不能急躁，要指导大家安静地排队，在轻松友好的气氛中按次序领款。

5．虚心

处处留心皆学问。工作的过程固然积累了不少业务能力，但时常抽空看看相关的书籍或浏览相关的网站，从中学习方方面面的经验技巧，更有助于我们提高整体素质，使我们工作起来更加得心应手。诚恳地征询各方对自己工作的意见和建议，并采取有效的方法加以改进。

6．公心

坚守职业道德。纵使经手的公款千千万，出纳也只是过路财神，丝毫不能起贪心。

7．信心

紧跟时代步伐。科技的飞速发展给财务工作者创造了前所未有的良机，会计电算化使会计摆脱了烦琐的记账工作。电子银行的兴起及广泛应用将使那种提现付钞的收付款方式成为出纳的趣谈。对此，我们要充满信心，积极主动地利用高科技手段提高工作效率，真正成为纤纤十指敲键盘的"甩手掌柜"。

总之，以快乐的心态当出纳，细心处理每笔款项，耐心、热情地对待报账人，抱以虚心，秉持公心，满怀信心地去工作，就一定能炼成"七心丹"，使自己省心、会计称心、领导放心、大家舒心。

项目一

出纳基本功

【学习目标】

知识目标：掌握大写、小写数码字的正确书写方式；掌握常用的纸币和硬币的整点方法；掌握流通中的人民币的防伪特征；掌握保险柜的使用常识及其日常管理要求。

技能目标：会正确书写大、小写数码字；会用常用方法整点钱币；能鉴别人民币。

情感目标：培养严谨的工作态度；培养敏锐的洞察力。

任务一　书写数码字

任务引入

齐天隆公司是专业的办公家具厂商，丁冬是该公司新近招聘的出纳员。在 2015 年 1 月 5 日的工作中，他填制了几张原始凭证，其中金额部分填写如下。

（1）小写金额为 3 200.00 元，大写金额为"人民币叁仟贰佰元整"。

（2）小写金额为 108 000.00 元，大写金额为"人民币拾万捌仟元整"。

（3）小写金额为 4 500.96 元，大写金额为"人民币肆仟伍佰零玖角陆分"。

请指出丁冬数码字书写中的错误。

相关知识

出纳工作离不开数码字的书写，规范的书写也是衡量出纳工作人员素质高低的标准之一。数码字书写的基本要求是正确、规范、清晰、整洁、美观。

一、小写数码字的书写

小写数码字即阿拉伯数字，它是世界各国的通用数字，其书写顺序是由高位到低位、从左到右依次写出各位数字。

1. 数码字书写的整体要求

（1）书写的角度适当。数码字笔画简单，笔势缺少变化，一般不要求像文字那样端正书写，否则，字形会显得生硬呆板。书写数码字时一般要求倾斜书写，数码字上端向右倾斜，以 60° 左右的水平倾斜角为宜。一组数码字的书写，应保持各个数码字的倾斜度一致，自然美观，如图 1-1 所示。

图 1-1　数码字倾斜书写范例

（2）书写的位置适当。

① 数码字的高度。每个数码字要紧贴底线书写，高度一般占全格的 1/2 为宜，最多不要超过全格的 2/3，以为更正数码字留有余地，过小可能会因不清晰而影响阅读。数码字高低要一致，但 6、7、9 除外。"6"的上端比其他数码字高出 1/4，"7"和"9"的下端比其他数码字伸出 1/4，最多不得超过 1/3。如图 1-2 所示。

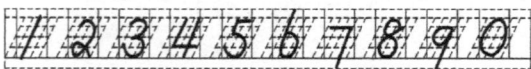

图 1-2　数码字书写高度范例

② 数码字的间距。要求每个数码字的中部大体位于格距的 1/2 的两条对角线交点上，不宜过于靠左或者靠右。在印有数位线的凭证、账簿、报表上，每一格只能写一个数码字，不得几个字挤在一个格里，也不得在数码字中间留有空格，如图 1-3 所示。如果没有数位线，则数码字的整数部分，可以从小数点向左按"三位一节"用分节号"，"（也称千分撇、分位点）分开，以便于读数、分清大小和汇总计算。

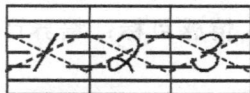

图 1-3　数码字书写间距范例

（3）数字书写工整。规范书写数码字，应使其工整流畅、匀称美观、一目了然，切忌潦草、连笔、模糊。

（4）具有个人特色。书写数码字时要在符合书写规范的前提下，保持本人的独特字体和特色习惯，使别人难以模仿或涂改。

2. 单个数码字的书写要领

（1）"0"字的书写。书写"0"时，紧贴底线，圆要闭合，不宜过小，否则易被改为"9"；几个"0"连写时，不要写连接线。

（2）"1"字的书写。书写"1"时，要斜直，不能比其他数字短，否则易被改成"4"、"6"、"7"、"9"等数码字。

（3）"2"字的书写。书写"2"时，不能写为"Z"，落笔应紧贴底线，否则易被改成"3"。

（4）"3"字的书写。书写"3"时，拐弯处应光滑流畅，起笔处至拐弯处距离稍长，不宜过短，否则易被改成"5"。

（5）"4"字的书写。书写"4"时，"∠"角要死折，即竖要斜写，横要平直且长，折角不能加弧度，否则易被改成"6"。

（6）"5"字的书写。书写"5"时，横、钩必须明显，不可拖泥带水，否则易被改成或混淆成"8"。

（7）"6"字的书写。书写"6"时，起笔处在上半格的 1/4 处，下圆要明显，否则易被改成"4"、"8"。

（8）"7"字的书写。书写"7"时，横要平直明显（即稍长），竖稍斜，拐弯处不能圆滑，否则易与"1"、"9"相混淆。

（9）"9"字的书写。书写"9"时，上部的小圆要闭合，不留间隙，并且一竖稍长，略微出底线，否则易与"4"混淆。单个数码字手写体如图 1-4 所示。

图 1-4　单个数码字手写体范例

3. 数码字金额的书写要求

一般要求数码金额书写到分位为止，元位以下保留角、分两位小数，对分以下的厘、毫、丝、息采用四舍五入的方法。但少数情况下，如计算百分率、折旧率、加权平均单价、单位成本及分配率等，也可以采用多位小数，以达到计算比较准确的目的。

（1）印有数位线（金额线）的数码字书写要求。一般来说，凭证和账簿已印好数位线，必须逐格顺序书写，"角"、"分"栏金额齐全。如果"角"、"分"栏无金额，应该以"0"补位，也可在格子的中间画一短横线代替。如果金额有角无分，则应在分位上补写"0"，不能用"—"代替。印有数位线的数码字书写如图 1-5 和图 1-6 所示。

收入金额							
十	万	千	百	十	元	角	分
		3	6	7	8		
				5	7	1	
				5	7	1	—

图 1-5　错误书写样本

收入金额							
十	万	千	百	十	元	角	分
		3	6	7	8	0	0
		3	6	7	8	—	
				5	7	1	0

图 1-6　正确书写样本

（2）没有数位线（金额线）的数码字书写。如果没有角分，仍应在元位后的小数点"."后补写"00"或画一短斜横线；如果金额有角无分，则应在分位上补写"0"。如"¥ 15 698.00"，也可写成"¥ 15 698 —"，"¥ 95 367.30"不能写成"¥ 95 367.3"或"¥ 95 367.3 —"。

4. 货币币种符号的使用

阿拉伯金额数字前面应当书写货币币种符号或者货币名称简写和币种符号。币种符号与阿拉伯金额数字之间不得留有空白。如"¥ 5 630.50"不能写成"¥　5 630.50"。凡阿拉伯数字前写有币种符号的，数字后面不再写货币单位。印有"人民币"三个字不可再写"¥"符号，但在金额末尾应加写"元"字。如"人民币 5 630.50 元"不能写成"人民币 ¥ 5 630.50 元"或"¥ 5 630.50 元"。

你问我答：

① ¥ 600 元；

② ¥ 600.00。

以上两种写法对吗？

5. 订正错误的方法

小写金额数字发生错误时，严禁采用刮、擦、涂改或采用药水消除字迹等方法改错，应采用正确的更正方法进行更正。正确的更正方法为画线更正法，即将错误的数字全部用单红线注销掉，并在错误的数字上盖章，而后在原数字上方对齐原位填写出正确的数字。

> **【知识链接】 财政部关于数码字书写的规定**
>
> 《会计基础工作规范》第五十二条规定，填制会计凭证，字迹必须清晰、工整，并符合下列要求。
>
> （1）阿拉伯数字应当一个一个地写，不得连笔写。阿拉伯金额数字前面应当书写货币币种符号或者货币名称简写和币种符号。币种符号与阿拉伯金额数字之间不得留有空白。凡阿拉伯数字前写有币种符号的，数字后面不再写货币单位。
>
> （2）所有以元为单位（其他货币种类为货币基本单位，下同）的阿拉伯数字，除表示单价等情况外，一律填写到角分；无角分的，角位和分位可写"00"，或者符号"—"；有角无分的，分位应当写"0"，不得用符号"—"代替。

二、大写数码字的书写

中文大写数码字是用于填写需要防止涂改的销货发票、银行结算凭证、收据等，因此，在书写时不能写错。如果写错，则本张凭证作废，需重新填制凭证。

1. 大写数码字的内容

大写数码字分为数字和数位两个部分，其中，数字部分包括壹、贰、叁、肆、伍、陆、柒、捌、玖9个数码字，数位部分包括拾、佰、仟、万、亿、元、角、分、零、整等。会计人员在书写大写数码字时，不得用〇、一、二、三、四、五、六、七、八、九、十、廿、毛、仟、另等简化字字样代替。

2. 大写数码字书写的基本要求

大写数码字书写的基本要求包括以下几点。

（1）大写金额前要冠以"人民币"字样，"人民币"与金额首位数字之间不留空位，数字之间更不能留空位，写数与读数顺序要一致。如"￥5 630.50"不能写成"人民币　伍仟陆佰叁拾元　零伍角整"，而应写成"人民币伍仟陆佰叁拾元零伍角整"。

（2）人民币以元为单位，元后无角分的需要写"整"字。如果到角为止，角后也可以写"整"字；如果到分为止，分后不写"整"字。如"￥5 630.50"不能写成"人民币伍仟陆佰叁拾元零伍角"。

（3）金额数字中间连续几个"0"字时，可只写一个"零"字，如500.70元，应写作"人民币伍佰元零柒角整"。

（4）表示位的文字前必须有数字，如"拾元

> **你问我答：**
> "人民币　伍万零零叁拾元另伍毛5分整"
> 上述写法有几处错误？

整"应写作"壹拾元整";如"￥510.00"不能写成"人民币伍佰零拾元整",而应写成"人民币伍佰壹拾元整"。

（5）大写金额数字前有空位的,应当在数字前用"⊗"逐位补齐。大写金额数字前未印有货币名称的,应当加填货币名称。

（6）切忌用其他文字代替大写数码字,如"零"不能用"另"代替、"角"不能用"毛"代替等。

3. 订正错误的方法

大写数码字写错或发现漏记,不能涂改,也不能用"画线更正法",必须重新填写凭证。

任务实施

（1）任务内容:小写金额为 3 200.00 元,大写金额为"人民币:叁仟贰佰元整"。

任务分析:书写错误,"人民币"后面多了一个冒号。

正确写法:人民币叁仟贰佰元整。

（2）任务内容:小写金额为 108 000.00 元,大写金额为"人民币拾万捌仟元整"。

任务分析:书写错误,漏记了"壹"和"零"字。

正确写法:人民币壹拾万零捌仟元整。

（3）任务内容:小写金额 4 500.96 元,大写金额为"人民币肆仟伍佰零玖角陆分"。

任务分析:书写错误,漏写了一个"元"字。

正确写法:人民币肆仟伍佰元零玖角陆分。

任务二　点钞

相关知识

出纳员在办理现金收付业务时,首先要依据现金收、付款凭证的金额点数钞票,然后才能办理具体的现金收付存业务。可见,点钞是出纳人员必须掌握的一项基本业务技能。出纳人员在整点票币时,不仅要做到点数准确无误,同时,还必须对损伤票币、伪造币、变造币等进行挑拣和处理。

一、纸币整点

1. 点钞方法介绍

纸币的整点方法主要有手工点钞和机器点钞两种,一般企事业单位主要使用手工点钞法。

下面介绍几种常用的手工点钞法。

（1）手持式单指单张点钞法。手持式单指单张是最常用的点钞法,这种点钞法的基本要领是左手持票,用左手拇指按住钞票正面的左端中央,食指和中指在钞票背面,与拇指一起捏住钞票,无名指自然卷曲,担起钞票后小拇指伸向钞票正面压住钞票左下方，中指稍用力，与四指、五指卡紧钞票，食指伸直，拇指向上移动，按住钞票的侧面将钞票压成瓦形（左手手心向下），然后左手将钞票往桌上擦过，将钞票翻转，拇指借从桌面擦过的力量将钞票撑成微开的扇面并斜对自己面前，右手3个指头蘸水，用右手拇指指尖向下捻动钞票右下角（幅度不宜过大），右手食指在钞票背后配合拇指捻动，用无名指将捻起的钞票往怀里弹，边数边记数。

记数采用1、2、3、4、5、6、7、8、9、1（即10），1、2、3、4、5、6、7、8、9、2（即20），以此类推，数到1、2、3、4、5、6、7、8、9、10（即100）。采用这种记数法记数既简单又快捷，省力又好记。但记数时要默记，不要念出声，做到脑、眼、手密切配合，既准又快。

（2）手持式单指多张点钞法。手持式单指多张点钞法是在手持式单指单张点钞法的基础上发展为一指可点2张以上。其操作方法除点数、记数外，其他均与手持式单指单张点钞法相同。需要注意的是，持票时钞票的倾斜度稍大一些。

点数钞票时，以右手拇指肚放在钞票的右上角，拇指尖超出票面，点双张时拇指肚捻1张，拇指尖往下捻第2张；点3张以上时拇指均衡用力，捻的幅度不要太大，二、三指在票后配合拇指捻动，四指向怀里弹，弹的速度要快。点数则从左侧看，这样看的幅度大，看得清楚。记数时采用分组记数的方法，如点3张，即3张为一组，记一个数，点33次余1张，即是100张；如点4张以上者均以此方法计算。

（3）手持式四指拨动点钞法。手持式四指拨动点钞法适用于收、付和整点工作。5角以上的票券均能点，特点是效率高（4个手指都拨票），记数省力（4张记一个数），操作时主要用手指关节活动，动作范围小，可以减轻劳动强度。

这种点钞方法最适用于点整把券，不适于点残破票太多的钞票。点数时左手四指、五指夹住钞票左下端，三指与拇指沿钞票的两侧伸出，卡住钞票。拇指要高于三指，三指稍用力，使钞票右上角稍向后倾斜成弧形，便于点数，三指稍曲抵住钞票背面中上方。右手二、三、四、五4个指头同时蘸水，点数时先以五指触及票面弧形面上，然后再以四、三、二各指顺序逐一触及弧形面上，并向怀里（下方）拨票。点数时左手拇指、三指随着右手点数，逐渐向上移动，二指稍加向前推动，以适应待点钞票的厚度。记数时采用分组计数的方法，每4张为一组，记一个数。记数从二指拨下钞票后起记。

采用此种方法点钞时应注意拨票时眼睛应集中在钞票的右上角，这样可以看到票面的1/2，便于看出残破券、发现双张和拨空等。

（4）手按式单张点钞法。用这种方法点数钞票时，需要把钞票横放在桌上对正自己，用左手四指、五指按住钞票的左上角，用右手拇指托起右下角的部分钞票；用右手二指捻动钞票，每捻起1张，左手拇指即往上推动送到二、三指之间夹住，即完成了一次点钞动作，以后依次连续操作。

（5）扇面式一按5及一按10张点钞法。扇面点钞法是将钞票捻成扇面型，用四指交替拨动，分组点数，一次数点多张的方法。使用这种点钞方法首先要开好扇，即打扇面。打扇面时钞票要竖拿，左手拇指和二、三指捏住钞票的右下角，四、五指弯曲靠手心，右手拇指按住钞票下半部正中间，二指横在钞票背面，其余3个指头弯向手心（或二、四、五指均横在钞票背面）。拧扇面时，以左手为轴（即持票的指在原位置上动作），右手二指将钞票向左下方压，将压弯的钞票向左上方推起；二、三两指向左捻动，此时左手拇指必须配合右手动作；这样反复操作，右手拇指逐次由中部向下移动，移至右下角时即可将钞票推成扇面形，然后用两手捧住钞票将不均匀的地方抖开（钞票左半部向左方抖，右半部向右方抖）。

用一按 10 张点钞法时，扇面小些更便于清点。在点数钞票时，用左手持扇面，右手三、四、五指托住钞票背面，用拇指一次向下按 5 张或 10 张，按下后用二指压住，按时不要用力过大，按的部位是在钞票的右上端，离右上角 1cm 左右。点数时，左手应随着点数的进度，以腕为轴微向内转，适应右手点数位置，右臂的肘部也随着点数的进度，自然向前移动。记数时用分组记数法，一按 5 张即每 5 张为一组，记一个数；一按 10 张即每 10 张为一组，记一个数。

（6）扇面式四指多张点钞法。这种点钞方法可以同时点 6 张、7 张、8 张甚至更多张。其开扇的方法与扇面式一按 5 张点钞法相同，左手持扇面，右手清点，一按 6 张或更多张，点数时先用拇指查点第一个 6 张（或更多张），然后食指沿钞票上端向前移动，接着数第二个 6 张（或更多张），中指、无名指依次接点第三、第四个 6 张（或更多张），右臂也要随各指点数轻轻向前移动。当无名指点完时，拇指则由里边迅速上去接第五个 6 张（或更多张），开始第二轮操作。

2. 纸币的捆扎

纸币点数完毕之后，需要对所点纸币进行扎把。捆扎纸币时通常是 100 张捆扎成一把，捆扎方法分为缠绕式和扭结式两种。

缠绕式是临柜收款经常采用的捆扎方法。纸币点数完毕后，将点过的钞票 100 张墩齐，左手从长的方向拦腰握着钞票，使之成为瓦状。需要注意的是，瓦状的幅度影响扎钞的松紧，在捆扎中幅度不能变。右手握着牛皮纸腰条头将其从钞票长的方向夹入钞票的中间，在离一端 1/4～1/3 处，从凹面开始绕钞票两圈。在翻到钞票厚度转角处将腰条向右折叠 90°，将腰条头绕捆在钞票的腰条中转两圈打结。至此，钞票捆扎完毕。

扭结式捆扎法是考核、比赛时经常采用的方法，一般使用绵纸腰条。纸币点数完毕之后，将点过的钞票 100 张墩齐，左手握钞，使之成为瓦状，右手将腰条从钞票凸面放置，将两腰条头绕到凹面，左手食指、拇指分别按住腰条与钞票厚度交界处。右手拇指、食指夹住其中一端腰条头，中指、无名指夹住另一端腰条头，并合在一起，右手顺时针转 180°，左手逆时针转 180°，将拇指和食指夹住的那一头从腰条与钞票之间绕过、打结之后，捆扎完毕。

3. 点钞的姿势

正确的点钞姿势是身体上身要坐直，胸部稍挺，眼睛和钞票要保持一定距离，一般应保持在 20～25cm 为宜，过远、过近都不好。点钞主要靠手、腕、肘、臂配合操作，所以应尽量借助于桌子来减轻腕、肘、臂部的劳动强度。如运用手指式点钞法时，将左手和肘部放在桌上，右手肘部也放在桌上，而手腕稍抬起，就比较省力。运用手抓式、手按式、扇面式点钞法时，也都要注意借助桌面省力的问题。

二、硬币整点

硬币的整点方式主要有两种，一种是手工整点，另一种是工具整点。下面分别介绍这两种方法的操作过程。

1. 手工整点硬币

手工整点硬币的方式一般在收款时或收点硬币尾零款时使用，整点过程一般包括拆卷、清点、记数、包装和盖章5个环节。

（1）拆卷。将清点后使用的包装纸平放在桌子上，右手持硬币卷的1/3处放在新的包装纸中间；左手撕开硬币包装纸的一头，然后用右手从左到右端压开包装纸；然后用左手食指平压硬币，右手抽出已压开的包装纸，准备清点。

（2）清点。从左向右分组清点。清点时，以右手拇指和食指将硬币分组清点。每次清点的枚数因个人技术熟练程度而定，可一次清点5枚或10枚，也可一次清点12枚、14枚、16枚等。为保证清点准确无误，可从中间分开查看，如一次点10枚，可从中间分开，每边为5枚，以此类推。

（3）记数。采用分组记数法，一组为一次，如一次清点10枚，清点10次记数一次，则点次即为100枚。

（4）包装。清点完毕即可包装。硬币每百枚包一卷。包装时，用双手的无名指分别顶住硬币的两头，用拇指、食指、中指捏住硬币的两端，再用双手拇指把里半边的包装纸向外掀起并用食指掖在硬币底部，然后用右手掌心用力向外推卷，随后用双手的拇指、食指和中指分别把两头包装纸向中间方向折压紧贴硬币，再用拇指将后面的包装纸往前压，食指将前面的包装纸往后压使包装纸与硬币贴紧，最后再用拇指、食指向前推币，至此包装完毕。

要求包装的硬币要紧，两端不能露出硬币。

（5）盖章。硬币包装完毕后，将其整齐地平放在桌面上（硬币卷竖放），卷缝的方向一致，右手拿名章，贴在右面第一卷硬币上，左手平放在各硬币卷上并向右滚动，名章随硬币卷的滚动依次盖在各卷上，使印章盖得又快又清晰。也可将成卷的硬币横放在桌面上。右手名章贴在最前面一卷的右端，用左手掌心推动硬币向前滚动，右手将名章逐一盖在硬币卷的右端。

2. 工具整点硬币

大批硬币整点时一般用工具来整点。

工具整点硬币主要借助于硬币整点器（也称硬币计数器），这种硬币整点器内根据不同面值硬币的直径设计了相应的弧形槽式分币板，根据流通中硬币的平均厚度，固定了百枚硬币总长度，每次可清点100枚硬币。它由两部分组成，一部分是定槽，另一部分是动槽。动槽可以前后移动，动槽和定槽相间均等排列，每一个槽相当于5枚硬币的厚度。当清点员按动动槽时，硬币便以5枚一组被分开，便于点数。这种工具使用简便，携带方便，工作效率高，是银行清点硬币不可缺少的工具。

下面介绍硬币整点器的操作程序和方法。

（1）拆卷。拆卷通常有两种方法：一是阵裂法，二是刀划法。

阵裂法拆卷是以双手的拇指与食指、中指捏住硬币的两端向下阵动，同时左手稍向里扭动，右手稍向外扭动，使包装纸裂开。再用两手的无名指顶住硬币两端，用中指、食指和拇指捏住硬币的两端（其中拇指在卷里，中指和食指在卷外），把硬币卷移到硬币整点器上，两手腕同时向里转，使硬币落入整点器槽内，然后取出包装纸准备清点。用阵裂法拆卷时注意用力要适度，不能使硬币阵散导致硬币掉落。

刀划法拆卷是在硬币整点器的右端安装一个刀刃片，拆卷时双手的拇指、食指、中指捏住硬币的两端，由左端向右端从刀刃上划过，这样包装纸就被划开了一道口子，然后双手手腕同时向里转，硬币进入整点器槽内，再将划开的包装纸取出准备清点。

（2）清点。硬币落入整点器内后，两手的食指和中指放在整点器两端，将整点器夹住，再用右手食指将硬币顶向左端，然后两手拇指放在整点器两边的推钮上用力推动推钮，通过动槽的移动、分币等交错，眼睛从左端看到右端，检查每槽是否5枚，重点检查右边最后一个槽。准确无误后，两手松开，硬币自动回到原位。

清点中如有氧化变形的硬币或伪币应随时剔出并补充相应的硬币。

（3）包装。两手的中指顶住硬币两端，拇指在卷里、食指在卷外将硬币的两端捏住。两手向中间稍用力，从整点器内将硬币提出放在准备好的包装纸中间，具体包装方法与手工整点硬币包装方法相同。

（4）盖章。盖章方法同手工整点硬币盖章方法。

【知识链接】机器点钞的操作技巧

掌握机器点钞的要领，可熟记下列口诀：

认真操作争分秒，左右连贯用技巧；右手投下欲点票，左手拿出捻毕钞；

两眼查看票面跑，余光扫过记数表；顺序操作莫慌乱，环节动作要减少；

原钞腰条必须换，快速扎把应做到；维修保养经常搞，正常运转功效高。

任务三　鉴别钞票

相关知识

一、人民币的防伪特征

截至目前，我国共设计印制了5套人民币。目前流通中常用的是第4套和第5套人民币。下面重点介绍这两套人民币的防伪特征。

1. 第4套人民币的防伪特征

（1）1980年版第4套人民币的防伪特征。

100元券：使用毛泽东浮雕侧面头像水印纸印制。正面中央主景是多色图案衬托的毛泽东、周恩来、刘少奇、朱德浮雕侧面头像，主色调为蓝黑色，人像右下方是面值"壹佰圆"3个字，左上方印有"中国人民银行"字样，左下角和右上角分别印有"100"字样，右下角是面值"壹佰圆"字样盲文面值符号及冠字号码。背面中央主景是井冈山主峰，中央上方是"中国人民银行"的汉语拼音，下方印有"1980"字样，左侧上方以古典图案托出中华人民共和国国徽，国徽下面为用汉语拼音书写的面值，左下角和右上角分别印有"100"字样，右下角印有蒙、藏、维、壮 4 种民族文字书写的"中国人民银行"字样和面值，票幅 165mm×77mm。

50 元券：使用工人头像水印纸印制。正面主景是工人、农民、知识分子头像，主色调为黑茶色，左上方印有"中国人民银行"，左下角和右上角分别印有"50"字样，右下角印有"伍拾圆"字样以及盲文面额符号"50"和冠字号码。背面主景是黄河壶口瀑布，左侧上方印有中华人民共和国国徽，国徽下面印有"伍拾圆"字样，中间上方印有"中国人民银行"的汉语拼音字母，下方印有"1980"，右下角印有蒙、藏、维、壮 4 种民族文字书写的"中国人民银行"字样和面值，票幅 160mm×77mm。

10 元券：使用水印纸印制，票幅 155mm×70mm，主色调为黑蓝色。正面右侧主景是汉族、蒙古族人物头像，中间偏左是多色图案衬托的面值"拾圆"字样，左侧上方印有"中国人民银行"字样，左上角印有中华人民共和国国徽，右上、右下、左下角分别印有面值"10"字样，左下方印有盲文面值符号。背面中央主景是珠穆朗玛峰，上下方分别印有蒙、藏、维、壮 4 种民族文字书写的"中国人民银行"字样和面值，右上、左上、左下角分别印有"10"字样，右下角印有"1980"字样。

5 元券：使用满版古钱水印纸印制，票幅 150mm×70mm，主色调为棕色。正面主景是藏族、回族人物头像，中间偏左是多色图案衬托的面值"伍圆"字样，左侧上方印有"中国人民银行"字样，左上角是中华人民共和国国徽，右上、右下、左下分别印有面值"5"字样，左下方印有盲文面值符号。背面中央主景是长江巫峡，上、下方分别印有蒙、藏、维、壮 4 种文字书写的"中国人民银行"字样和面值，右上、左上、左下角分别印有"5"字样，右下角印有"1980"字样。

2 元券：使用满版古钱水印纸印制。票幅 145mm×63mm，主色调为深绿色。正面右侧主景是维吾尔族、彝族人物头像，中间偏左在多色图案衬托下印有"贰圆"字样，左侧上方印有"中国人民银行"字样，左上角印有中华人民共和国国徽，左下方印有盲文面值符号。背面中央主景是南海南天一柱，上、下方分别印有"中国人民银行"和面值的汉语拼音，下方还印有蒙、藏、维、壮 4 种民族文字书写的"中国人民银行"字样和面值，右上、左上、左下角分别印有面值"2"字样，右下角印有"1980"字样。

1 元券：使用满版古钱水印纸印制，票幅 140mm×63mm，主色调为深红色。正面右侧主景是瑶族、侗族人物头像，中间偏左是多色图案衬托的面值"壹圆"字样，左侧上方印有"中国人民银行"字样，左上角印有中华人民共和国国徽，左下方印有盲文面值符号。背面中央主景是长城，上、下方分别印有"中国人民银行"和面值的汉语拼音，下方还印有蒙、藏、维、壮 4 种民族文字书写的"中国人民银行"字样和面值。右上、左上、左下角分别印有面值"1"字样，右下角印有"1980"字样。

（2）1990 年版第 4 套人民币的防伪特征。

100 元券：同 1980 年版 100 元券相比较，在其右侧加有金属安全线；正面左侧、右侧有无色荧光油墨面值，用紫外线灯管透射可以看出面值数字。

50 元券：同 1980 年版 50 元券相比较，在其右侧加有金属安全线；正面左侧、右侧有无色荧光油墨面值，用紫外线灯管透射可以看出面值数字。

2 元券：同 1980 年版相比，总体设计不变，局部有调整。一是正面平面凹印（1980年版 2 元券为双面凹印）；二是背面装饰图案中原粉红色线条改为紫色线条；三是年份为 1990。

1 元券：同 1980 年版相比，总体设计不变，局部有调整。由双面凹印改为正面单印；中间部位的底纹全部由假金色底纹代替了原来的黄色和橘黄色底纹，两侧部位的底纹全部由大红色代替了原来的大红色和黄色；背面以橘黄色代替了假金色；年份为1990；正面橘红梅花在紫外灯下，有明显的荧光反应。

2．第 5 套人民币的防伪特征

第 5 套人民币采取"一次公布，分次发行"的方式，由有 1999 年 10 月 1 日开始发行，至 2004 年 7 月 30 日，共发行了 100 元、50 元、20 元、10 元、5 元、1 元 6 种纸币和 1 元、5 角、1 角 3 种硬币，提高了印刷工艺和仿伪技术水平。经国务院批准，中国人民银行于 2005 年 8 月 31 日发行了 2005 年版 100 元、50 元、20 元、10 元、5元纸币和 1 角钢白色不锈钢材质硬币，一起构成第 5 套人民币。其防伪特征主要体现在以下几个方面。

（1）水印。第 5 套人民币 100 元、50 元为毛泽东头像固定水印；20 元为荷花固定水印，10 元为玫瑰花，5 元为水仙花，1 元为兰花。

（2）红、蓝彩色纤维。在第 5 套人民币 1999 版 100 元、50 元、20 元、10 元、5元的票面上，可看到纸张中有红色和蓝色纤维。2005 版取消此措施。

（3）安全线。第 5 套人民币 1999 版 100 元、50 元为磁性微文字安全线；20 元为明暗相间的磁性安全线；10 元、5 元为正面开窗全息安全线。2005 版第五套人民币为全息开窗安全线，50 元和 100 元的窗开在背面，20 元、10 元、5 元开在正面。

（4）手工雕刻头像。第 5 套人民币所有面值纸币正面主景为毛泽东头像，均采用手工雕刻凹版印刷工艺，形象逼真、传神，凹凸感强。

（5）隐形面额数字。第 5 套人民币各面值纸币正面右上方有一装饰图案，将票面置于与眼睛接近平行的位置，面对光源平面旋转 45° 或 90° 角，可看到阿拉伯数字面额字样。

（6）光变面额数字。第 5 套人民币 100 元正面左下方用新型油墨印刷了面额数字"100"，当与票面垂直观察其为绿色，而倾斜一定角度则变为蓝色。50 元则可由绿色变成红色。20 元以下面额纸币无此特征。

（7）阴阳互补对印图案。第 5 套人民币正面左下角和背面右下方各有一圆形局部图案，透光观察，正背图案组成一个完整的古钱币图案。

（8）雕刻凹版印刷：第五套人民币中国人民银行行名、面额数字、盲文面额标记等均采用雕刻凹版印刷，用手指触摸有明显凹、凸感。

（9）号码（凸印）。第 5 套人民币 100 元、50 元为横竖双号码，横号为黑色，竖号为蓝色；其余面额为双色横号码，号码左半部分为红色，右半部分为黑色。

（10）胶印缩微文字。第 5 套人民币 100 元、50 元、20 元、10 元等面额纸币印有胶印缩微文字"RMB100"、"RMB50"、"RMB20"、"RMB10"、"RMB5"等字样，大多隐藏在花饰中。

（11）专用纸张。第 5 套人民币采用特种原材料由专用抄造设备抄制的印钞专用纸张印制，在紫外光下无荧光反应。较新的纸币在抖动时，会发出清脆的响声。

（12）变色荧光纤维。第 5 套人民币在特定波长的紫外光下可以看到纸张中随机分布有黄色和蓝色荧光纤维。

（13）无色荧光图案。第5套人民币各券别在正面行名下方胶印底纹处，在特定波长的紫外光下可以看到面额阿拉伯数字字样，该图案采用无色荧光油墨印刷，可供机读。

（14）有色荧光图案。第5套人民币100元背面主景上方椭圆形图案中的红色纹线，在特定波长的紫外光下显现明亮的橘黄色；20元券背面的中间在特定波长的紫外光下显现绿色荧光图案。

（15）胶印接线印刷。第5套人民币100元正面左侧的中国传统图案是用胶印接线技术印刷的，每根线均由两种以上的颜色组成。

（16）凹印接线印刷。第5套人民币背面面额数字和正面左侧面额数字是采用凹印接线技术印刷的，两种墨色对接自然完整。

（17）凹印缩微文字。第5套人民币100元、20元券在正面右上方装饰图案中印有凹印缩微文字，在放大镜下，可看到"RNB100"、"RMB20" 等与面值对应的字样。背面左下角最大的面额数字中间，布满了小的白色面额数字。在其右方的数条平行线，上边几条由连续的"RMB"组成，最下面一条由连续的"人民币"字样组成。

（18）磁性号码。用特定的检测仪检测，1999版100元、50元的黑色横号码和20元、10元、5元的双色横号码中黑色号码有磁性，可供机读。

二、鉴别人民币的基本方法

鉴别人民币的基本方法主要有感观鉴别法和仪器鉴别法两种。

1. 感观鉴别法

感观鉴别法主要是通过看、摸、听、量等方法来鉴别钞票的真伪。

（1）看。看即观察票上是否具备一线防伪措施，如水印、安全线是否存在。即使有水印，首先也要辨别真伪，真币水印透视图案清晰，层次分明，立体效果强；假币则无上述特征。

（2）摸。假币用纸往往不是专门的钞纸，厚度大，绵软，挺度、坚韧度差；真币使用的是特殊纸张，挺括耐折。假币一般不是雕刻凹版印刷，没有凹凸感；真币元以上的券别均采用了凹版印刷，有凹凸感。

（3）听。抖动钞票听其声间，真钞发出清脆的声音，假钞的声音发闷、不脆。

（4）量。以真币为标准，与相应的可疑图案对照比较。注意钞票规格尺寸是否符合标准、钞票边缘是否整齐等。

2. 仪器鉴别法

仪器鉴别法主要是通过各种鉴别钞票的仪器来鉴别钞票的真伪。目前常用的鉴别钞票真伪的仪器主要有以下几种。

（1）紫光灯。可以用紫光灯看钞票纸是否有荧光反映。

（2）磁性仪。磁性仪用来测定钞票是否有磁性。

（3）放大镜。可结合人民币的特征，用放大镜仔细核对识别。

3. 伪造币的鉴别

伪造币是依照人民币真钞的用纸、图案、水印、安全线等的原样，运用各种材料、器具、设备、技术手段模仿制造的人民币假钞。伪造币的仿制手段有手工、机制、拓印、复印等。各种伪造币及其特点如下。

（1）手绘假钞。手绘假钞是按照真币的样子临摹仿绘的，一般质量比较粗劣，但在过去是比较常见的一种假钞。它的特点是使用普通的胶版纸或书写纸，颜色则是一般的绘画颜料或广告色，看起来笔调粗细不匀，颜色和图纹与真币差异较大。这类假钞较易识别，但老人、小孩较易受骗。

（2）蜡印假钞。蜡印假钞是手工刻制蜡纸版油印的假钞。制作方法一般是在蜡纸上按照真币的样子刻制图纹蜡版，再以油墨黑白漏印在纸上，然后在图纹上着色；也有的是用彩色油墨，在蜡版上印刷。它的特点是刻制蜡版时的手法有轻有重，导致蜡版漏墨多少不一样，结果颜色深浅不一，很不协调，漏墨过多的地方还易出现油浸现象；又因蜡纸比较柔软，所以印制中容易使图纹变形。所以，这类假钞较易识别。

（3）石印假钞。石印假钞是用石版和石印机印制的假钞。它的制作方法一般是在石板上手工或用机器雕刻制成印版，然后在小型机具上印制。这类假钞的质量虽比前述两类假钞好一些，但印制效果仍较粗劣。由于石版较硬，容易出现油墨外溢或油浸现象。并且印版表面不平整，使得印出的图纹虚虚实实深浅不一，画面不协调。由于印版刻制不精确，套色印刷也不可能十分准确，从而出现重叠、错位、漏白等问题。所以，对这类假钞的识别也较容易。

（4）手刻凸版假钞。手刻凸版假钞是木质印版印制的假钞。它的制作方法是用木板作为基料，采取手工雕刻方法制成凸版的印版，在小型机具上印制的。它的特点也是质量粗劣。由于木板有天然的木质纹路，纹路与非纹路之处吃墨程度不一样，从而印出的图纹往往也有深有浅，套色也不准确，存在重叠、错位等现象。所以，这类假钞也较易识别。

（5）拓印假钞。拓印假钞是用真币拓印成的假钞。它的制作方法是以真币为基础，用某种化学药品使真币上的图纹油墨脱离一部分拓印到另外的纸上而形成假钞。这种假钞又叫做拓印币。它的图案、花纹等和真币完全一样，无懈可击，但由于它只得到真币上的一部分油墨，因此墨色较浅，画面形态显得单薄清秀，给人以一种膜脆的感觉。真币被拓印后也遭受到一定损坏，有的颜色变浅或图纹模糊不清，又叫做被拓印币。被拓印币虽是真币形成的，但它的背后必定有拓印假币，因此更值得注意。

（6）复印合成假钞。复印合成假钞是利用黑白复印机制作的假钞。它的制作方法是先将真币在复印机上复印出真币的黑白图案花纹，再用彩色套印的方法合成钞票样的假钞。这种假钞的印制效果比前述各种假钞要精细些，但在人民币的各种防伪措施面前它的仿制却也无能为力，特别是在纸张、油墨等方面难以乱真，通过一定方法即可予以鉴别。

（7）机制假钞。机制假钞是利用特制的机器设备伪造的假钞。它的制作方法一般是用手工或机器雕刻制版，或利用照相、电子扫描分色制版，在中小型印刷机上印制。机制假钞又有机制胶印假钞和机制凹印假钞之分。这类假钞仿造的效果逼真，一次印制的数量也较多，易于扩散，危害较大。虽然它采用了较高级的设备和真币的个别印制技术，容易以假乱真，但它不可能使用人民币的全部防伪技术，总还是存在种种漏洞和伪造的痕迹，通过一定的方法仍能予以鉴别。

（8）彩色复印假钞。彩色复印假钞是利用彩色复印设备伪造的假钞。这种假钞的制作，需要比较高级的彩色复印设备，一般的伪造者是无法解决的。彩色复印在图纹、图景方面容易做到逼真，但在纸张、油墨、凹印等方面与真币有明显区别，通过一定的仪器或高倍显微镜就可以看出它的破绽。

（9）照相假钞。照相假钞是利用真币照版制作的假钞。它是把真币拍摄、冲洗成照片，经过剪贴制作而成的。这种假钞的纸张厚脆，易于折断，并且假钞表面有光泽，与真币截然不同，较易识别。

（10）剪贴假钞。剪贴假钞是剪贴真币图片制成的假钞。它的制作方法是将报纸、刊物或画册上印的人民币图片剪下来，正面和背面粘合起来即成。这种假钞与真币的差别很大，报刊图片的纸薄而绵软，画册图片的纸一般较厚而脆硬，并且币面的颜色和大小都不一样，很易识别。

4．变造币的鉴别

变造币是利用各种形式、技术、方法等，对人民币真钞进行加工处理，改变其原有形态，并使其升值的人民币假钞。变造币的加工方法有涂改、挖补剪贴、剥离揭页等。各种变造币及其特点如下。

（1）涂改币。涂改币是将真币票面金额用化学药剂涂掉，再用油墨或颜料加以涂改，使其面额增大的假钞。这种变造币的涂改部分在颜色、花纹等方面和真币有明显区别，其破绽是较易识别的。

（2）剪贴币。剪贴币是将真币剪贴拼凑成局部缺位，由5张拼成6张，或8张拼成10张；也有的是将票面金额部分进行挖补，使其面额增值。这种变造币，其拼凑、挖补部分的图案、花纹、线条不能完全对接准确，有时对接的花纹、线条本来就是不一样的，因此，只要留心注意，就可以发现问题。

（3）揭页币。揭页币是将真币的纸层揭开，一分为二，再用其他纸张粘贴于背后的单面假钞。这种变造币，虽然其图案、花纹等都和真币一样，但它另外一面是空白的，只能掺在众多的真币当中，滥竽充数，蒙混过关。因此，在清点大批量钞票时应注意这类假钞。

5．损伤、残缺人民币的挑剔

（1）损伤人民币。损伤人民币是指人民币在流通中因自然磨损、保管不善等其他原因引起的损坏了其票面完整性的票币，如纸币破裂、油浸、熏焦、水湿、污染变色、虫蛀、鼠咬、霉烂、火烧等，金属币出现严重磨损、破缺、变形等。损伤人民币的挑剔标准如下。

① 票面缺少部分损及行名、花边、字头、号码、国徽之一的。

② 票面裂口超过纸幅1/3或损及花边、图案的。

③ 纸质较旧，四周或中间有裂缝或票面断开又粘补的。

④ 由于油浸、墨渍造成票面肮脏的面积较大，或涂写字迹过多，妨碍票面整洁的。

⑤ 票面变色严重、影响图案清晰的。

⑥ 硬币残缺、穿孔、变形、磨损、氧化腐蚀损坏部分花纹的。

中国人民银行于2003年12月1日公布的《不宜流通人民币挑剔标准》中，规定了5种损伤人民币不宜在市场上流通，持有者可就近在商业银行以旧换新。这5种不宜流通的人民币如下。

① 纸币票面缺少面积在 20mm² 以上。

② 纸币票面裂口两处以上、长度每处超过 5mm，裂口 1 处、长度超过 10mm。

③ 纸币票面存在纸质较绵软，起皱较明显，脱色、变色、变形，不能保持票面防伪功能等情形之一。

④ 纸币票面污渍、涂写字迹面积超过 2cm²，或者不超过 2cm² 但遮盖了防伪特征之一。

⑤ 硬币有穿孔、裂口、变形、磨损、氧化及文字、面额数字、图案模糊不清等情形之一。

该标准于 2004 年 1 月 1 日起执行，之前实行的《损伤人民币挑剔标准》和《"七成新"纸币的基本标准》同时被废止。

（2）残缺人民币。残缺人民币是指有的人民币由于某种原因明显缺少了一部分的票币。

依据中国人民银行颁布的《残缺人民币兑换办法》的规定，符合规定的残缺人民币可向银行营业部门进行兑换。兑换情况如表 1-1 所示。

表 1-1　　　　　　　　　　残缺人民币的兑换情况

兑换情况	货币情况
全额兑换	票面残缺部分不超过 1/5，其余部分的图案、文字能照原样连接
	票面污损、熏焦、水湿、油浸、变色但能辨别真假，票面完整或残缺不超过 1/5，票面其余部分的图案、文字能照原样连接
半额兑换	票面残缺 1/5 以上至 1/2，其余部分的图案、文字能照原样连接
不予兑换	票面残缺 1/2 以上
	票面污损、熏焦、水湿、变色，不能辨别真假
	故意挖补、涂改、剪贴、拼凑、揭去一面

不予兑换的残缺人民币由中国人民银行收回销毁，不得流通使用。

任务四　使用保险柜

相关知识

一、保险柜的使用

为了保证财产的安全和完整，各单位应配备专用保险柜，专门用于库存现金、各种有价证券、银行票据、印章、其他出纳票据等的保管。各单位应加强对保险柜的使用管理，制定保险柜使用办法，并要求有关人员严格执行。

保险柜一般由总会计师或财务处（科、股）长授权，由出纳员负责管理使用。每日终了后，出纳员应将其使用的空白支票（包括现金支票和转账支票）、银钱收据、印章等放入保险柜内。保险柜内存放的现金应设置和登记现金日记账，其他有价证券、存折、票据等应按种类造册登记，贵重物品应按种类设置备查簿登记其质量、重量、金额等，所有财物应与账簿记录核对相符。按规定，保险柜内不得存放私人财物。

二、保险柜的日常管理

1. 保险柜的存放

保险柜应放置在隐蔽、干燥之处，注意通风、防湿、防潮、防虫和防鼠；保险柜外要经常擦抹干净，保险柜内财物应保持整洁卫生、存放整齐。一旦保险柜发生故障，应到公安机关指定的维修点进行修理，以防泄密或失盗。

2. 钥匙管理

保险柜一般应配备两把钥匙，一把由出纳员保管，供出纳员日常工作开启使用；另一把交由保卫部门封存，或由单位总会计师或财务处（科、股）长负责保管，以备特殊情况下经有关领导批准后开启使用。出纳员不能将保险柜钥匙交由他人代为保管。保险柜只能由出纳员开启使用，非出纳人员不得开启保险柜。如果单位总会计师或财务处（科、股）长需要对出纳员工作进行检查，如检查库存现金限额、核对实际库存现金数额，或有其他特殊情况需要开启保险柜的，应按规定的程序由总会计师或财务处（科、股）长开启，在一般情况下不得任意开启由出纳员掌管使用的保险柜。

出纳员应将自己保管使用的保险柜密码严格保密，不得向他人泄露，以防为他人所利用。出纳员调动岗位，新出纳员应更换旧密码使用新密码。

3. 特殊情况处理

如果保险柜被盗，出纳员发现后应保护好现场，迅速报告公安机关（或保卫部门），待公安机关勘查现场时才能清理财物被盗情况。节假日满两天以上或出纳员离开两天以上没有派人代其工作的，应在保险柜锁孔处贴上封条，出纳员到位工作时揭封。如发现封条被撕掉或锁孔处被弄坏，也应迅速向公安机关或保卫部门报告，以使公安机关或保卫部门及时查清情况，防止不法分子进一步作案。

【知识链接】保险柜的种类

保险柜（箱）是一种特殊的容器，根据其功能主要分为防火保险柜、防盗保险柜、防磁保险柜和防火防磁保险柜等。每一种保险柜都有其国家标准，市面上的保险柜多为前两种。依据不同的密码工作原理，防盗保险柜（箱）又可分为机械保险和电子保险两种，前者的特点是价格比较便宜，性能比较可靠，早期的保险柜（箱）大部分都是机械保险柜（箱）。电子保险柜（箱）是将电子密码、IC卡等智能控制方式的电子锁应用到保险柜（箱）中，其特点是使用方便，特别是在宾馆中使用时，需经常更换密码，因此使用电子密码保险柜（箱），就比较方便。

任务五 审核原始凭证

任务引入

（1）2015年3月1日，供应科林鹏出差借款，需审核借款单。

（2）2015 年 3 月 1 日，供应科郑瑞持审批手续齐全的发票报销材料款、工具款，需审核发票。

相关知识

对原始凭证进行审核和监督，是对会计信息质量实行源头控制的重要环节，是会计基础工作的一项重要内容。会计机构、会计人员对原始凭证进行审核和监督，主要应当关注以下两个方面。

（1）对原始凭证真实性、合法性的监督。对不真实、不合法的原始凭证，不予受理。对弄虚作假、严重违法的原始凭证，在不予受理的同时，还应当予以扣留，并及时向单位领导报告，请求查明原因，追究当事人的责任。

（2）对原始凭证准确性、完整性的监督。对记载不准确、不完整的原始凭证，予以退回，要求经办人员更正、补充。

一、原始凭证的审核要点

只有审核无误的、符合规定的原始凭证，才能据以编制记账凭证并办理款项的收付。对原始凭证的真实性、合法性、有效性进行认真审核，既是出纳人员应履行的财务监督职责的一部分，也是出纳人员做好出纳工作的前提条件。

出纳人员应该时刻保持足够的职业敏感性，对所经历的异常事件给予关注。例如，某项费用非正常变动、某件报销物品价格过高、某个异常咨询、某些采购人员喜欢用现金支付等，出纳人员不能直接去干预公司业务，但有责任保证作为核算基础的原始凭证的真实、合法和有效。

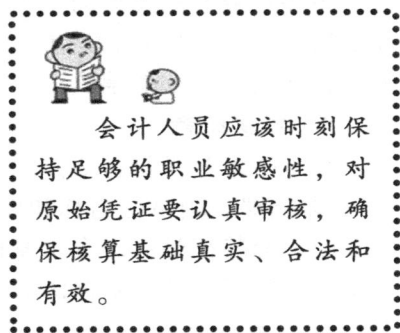

会计人员应该时刻保持足够的职业敏感性，对原始凭证要认真审核，确保核算基础真实、合法和有效。

原始凭证的审核要点如下。

1. 审核凭证要素

在确认原始凭证是财政、税务部门允许使用的票据的基础上，根据《会计基础工作规范》的规定，进行其基本要素构成的完备性检查，即检查原始凭证的名称、编号和填制日期、接受原始凭证的单位名称、经济业务的基本内容、填制单位和经办人员的签章等凭证要素是否齐全。

2. 审核"抬头"

发票抬头是指收取发票的公司名称或个人姓名。出纳人员要审核凭证上的"抬头"是否与本单位名称相符，有无添加、涂改的现象，防止将其他单位或私人购物的发票入账。

3. 审核日期

审核原始凭证开具的日期与报销日期是否异常。一般情况下，上述两者的日期不会间隔太长。如果两者相差久远，则要查询原因。

审核发票的印制日期。按照规定，于具发票的单位每年度都应从税务部门领取本年度版本的发票，即便使用以前年度版本的发票，一般也不会时间跨度很大。审核发票的印制日期，实际上就是看是否把作废的发票又拿来重新使用，如果是，不但不能报销，而且还要向有关发票管理机构反映。

4．审核凭证编号

审核凭证编号主要是看凭证有无连号现象，防止把别人的发票拿来报销。

5．审核填写内容

发票中各项内容填写不规范、不齐全、不正确、涂改现象严重，是虚假原始凭证的主要表现特征，如凭证字迹不清、原始凭证的经手人有名无姓或有姓无名、计量单位不按国家法定计量单位而随意以"桶""袋"等来计量、违反"不得要求变更品名"的规定、货物名称填写不具体、胡乱填写其他物品名称等。

6．审核数字

检查原始凭证的小写金额是否等于大写金额、阿拉伯数字是否曾涂改或添加、数量乘单价是否等于金额、分项金额相加是否等于合计数。

7．审核凭证限额

出于票证管理的需要，有的凭证规定了限额，如有的发票规定最高限额为"千位"，但是开票人却人为地在发票上增添一栏"万位"，这类支出凭证不是违纪就是违规。

8．审核凭证的经济内容

审核行业专用发票与填写的经济内容是否一致。私自改变发票的使用范围，跨行业使用或者借用发票，是虚假原始支出凭证的重要特征，如以零售业、批发商业发票来代替饮食服务业发票。

9．审核印章

检查印章是否符合规定。这里所说的印章，是指具有法律效力和特定用途的"公章"，即能够证明单位名称和性质的印鉴，包括财务专用章、发票专用章等。虚假发票印章的一般特征是：印章本身模糊，或盖章时有意用力不足以致模糊不清，或乱盖其他印章、张冠李戴。不盖印章的发票更属于无效发票。

10．审核字迹

对于金额大、支出业务不正常，疑似报销人员自己填写的支出凭证，必须仔细审核。在日常工作中，销货单位提供空白发票，由本单位经办人自行填制列支费用的事项时有发生。

11．审核手续

重点检查原始支出凭证报销必须经过的程序，如采购货物的入库验收程序等。通过正常程序的审核，认定原始支出凭证的真实性、合法性，从而防止虚假和舞弊行为的发生。

另外，还必须审核领导审批签字是否齐全、是否有伪造嫌疑。支付款项的外来原始凭证，除经办人员必须签字或盖章外，还必须按本单位规定的审批程序、权限，由相应的负责人审批盖章。自制的原始凭证，也必须由经办单位的负责人或者由单位负责人指定的人员审批盖章。

12．审核凭证备注

审核备注栏有何规定或说明，如有无"违章罚款，不得报销""滋补药品，费用自理"等字样。

13. 审核凭证背面

发票背面虽然没有内容，但由于一式多联的手写版原始凭证有些需要用复写纸复写，因而这种凭证背面应有复写的印痕，如果没有，则应特别注意是否存在"大头小尾"（俗称阴阳票）的可能性，必须向持证人查询原因。

14. 审核完整性

出纳人员应认真审核原始票据的完整性，对于如差旅费、市内交通费及其他定期汇总报销的单据，应认真清点报销凭证所附发票、定额发票、车票等原始票据的数量，确保原始票据汇总金额与报销凭证上的金额一致。

15. 审核开支标准

根据现行有关财经法规、财务制度和本单位的规定，严格审查修理费、会议费、招待费、差旅费、电话费等各项费用是否合理和符合开支标准。

16. 审核业务量

根据本单位的规模、经济活动的规律、会计结算等特点，审核支出凭证的真实性。例如，某单位自备轿车一辆，驾驶员平常一个月报销汽油费 2 500 元左右，但在某一个月份，该驾驶员欲凭发票报销汽油费 5 000 余元，诸如此类的异常情况要查明原因。

17. 审核路线

审核差旅费时要注意审核出差的行程路线。业务人员一般不得乘坐旅游轮船和旅游专线的汽车，并不得绕行，违反规定的，其超出标准的金额，应自行承担。

此外，在审核原始凭证时，还要注意分析一些不能通过凭证票面反映的问题。例如，采购物资是否舍近求远、舍优求劣；购买的办公用品只写金额，没有具体内容，如有类似的问题必须问清缘由，防止被少数人钻了空子。

> **【知识链接】原始凭证的保管**
>
> 原始凭证不得外借，其他单位如因特殊原因需要使用原始凭证时，经本单位领导批准，可以复制。向外单位提供的原始凭证复制件，应在专设的登记簿上登记，并由提供人员和收取人员共同签名或盖章。
>
> 从外单位取得的原始凭证如有遗失，应取得原签发单位盖有公章的证明，并注明原来凭证的号码、金额和内容等，由经办单位负责人批准后，才能代作原始凭证。如果确实无法取得证明的，如火车、轮船、飞机票等凭证，应由当事人写出详细情况，由经办单位负责人批准后，代作原始凭证。

二、经审核原始凭证的处理

经审核的原始凭证应根据不同情况进行处理。

（1）对于完全符合要求的原始凭证，应及时据以编制记账凭证入账。

（2）对于真实、合法、合理但内容不够完整、填写有错误的原始凭证，应退还有关经办人员，由其负责将有关凭证补充完整、更正错误或重开后，再办理

> 会计机构、会计人员对违法的收支，应当制止和纠正；制止和纠正无效的，应当向单位领导人提出书面意见，要求处理。

入账手续。

（3）对于不真实、不合法的原始凭证，会计机构和会计人员有权不予接受，并向单位负责人报告。

┤【知识链接 我国《会计法》的相关规定】├

《会计法》第四条规定：单位负责人对本单位的会计工作和会计资料的真实性、完整性负责。《会计法》第十四条规定：会计机构、会计人员必须按照国家统一的会计制度的规定对原始凭证进行审核，对不真实、不合法的原始凭证有权不予接受，并向单位负责人报告；对记载不准确、不完整的原始凭证予以退回，并要求按照国家统一的会计制度的规定更正、补充。原始凭证记载的各项内容均不得涂改。原始凭证有错误的，应当由出具单位重开或者更正，更正处应当加盖出具单位印章。原始凭证金额有错误的，应当由出具单位重开，不得在原始凭证上更正。

任务实施

（1）任务内容：2015年3月1日，供应科林鹏出差借款，需审核借款单。

任务分析：出差借用公款必须填制借款单，借款单要求规范填写、审批手续齐全。

借款单如表1-2所示。

表 1-2 借款单

借 款 单 （第三联记账联）

2015 年 3 月 1 日　　　　　　　　　　　No. 256983

借款单位	供应科	姓名	林鹏	职务	副科长	出差地点	江苏南京
						天数	3
事由	采购		借款金额（大写）	人民币五千元整			5,000.00
实际报销金额	￥____	结余金额	￥____	注意事项	一、凡借用公款必须使用本单。二、第三联为正式借据由借款人和单位负责人签单。三、出差返回后七天内结算。		
		超支金额	￥____				
单位负责人签单	韩旭	借款人签单	林鹏	备注			

以上借款单填写问题是：大写金额不规范，小写金额前未注明人民币符号，需重新填写。

（2）任务内容：2015年3月1日，供应科郑瑞持审批手续齐全的原始凭证报销材料，需进行原始凭证的审核（齐天隆公司的纳税人识别号为370305164325678）。

任务分析：报销业务需要对原始凭证仔细审核。

材料发票如表1-3所示。

表 1-3　　　　　　　　　　　**增值税专用发票**

山东增值税专用发票

3700074170　　　　　　　　　　　　　　　　NO 00570912

开票日期：2015年2月15日

购买方	名　　称：齐天隆公司						密码区	>+37058<18/<4941/81<4 72*//-746/*<*54443813 +51+8<6/4971<12-814/2 7<73-<5-545-+16>0><5	加密版本：01 3700074170 00570912	
	纳税人识别号：370305164325611									
	地址、电话：淄博市临淄区　0533-7588888									
	开户行及帐号：工商银行西山分理处　206666€66									
货物或应税劳务、服务名称	型　号	单位	数量	单价	金　额		税率	税　额		
不锈钢		千克	100	150	15000.00		17%	2550.00		
合　　计					￥15000.00			￥2550.00		
价税合计（大写）	⊗ 壹万柒仟伍佰伍拾元整						（小写）	￥17550.00		
销售方	名　　称：兴发材料厂					备注				
	纳税人识别号：230305164325609									
	地址、电话：东海市万向区　0341-6775439									
	开户行及帐号：农业银行流泉支行 433867856									

收款人：　　　　　复核：　　　　开票人：杨波　　　　销售方：（章）

以上原始凭证的问题是：购买不锈钢的增值税专用发票的购买方纳税人识别号不正确，税款无法抵扣。需要销货单位重新开具正确发票。

岗位能力训练

一、课堂讨论

1. 请根据自身的点钞经历，说一说你最擅长的点钞方式，以及你是如何实现快速点钞的。

2. 你是否有收到假钞的经历？如果有，请说一说你是如何鉴别出假钞的。

二、实务操作

1. 请在下列图表中正确书写小写数码字。

2. 请根据下列内容正确书写大写数码字。

（1）小写金额为 5 500 元。

（2）小写金额为 20 870.65 元。

（3）小写金额为 230.50 元。

（4）小写金额为 108 000 元。

（5）小写金额为 110 700 元。

三、课外阅读

假币的收缴程序

根据国家的有关规定，金融机构在办理业务时发现假币，由该金融机构两名以上业务人员当面予以收缴。对假人民币纸币，应当面加盖"假币"字样的戳记；对假外币纸币及各种假硬币，应当面以统一格式的专用袋加封，封口处加盖"假币"字样戳记，并在专用袋上标明币种、券别、面额、张（枚）数、冠字号码、收缴人、复核人名章等细项。收缴假币的金融机构（以下简称"收缴单位"）向持有人出具中国人民银行统一印制的《假币收缴凭证》，并告知持有人如对被收缴的货币真伪有异议，可向中国人民银行当地分支机构或中国人民银行授权的当地鉴定机构申请鉴定。收缴的假币，不得再交予持有人。

金融机构在收缴假币过程中有下列情形之一的，应当立即报告当地公安机关，提供有关线索。

（1）一次性发现假人民币 20 张（枚）（含 20 张、枚）以上、假外币 10 张（含 10 张、枚）以上的。

（2）属于利用新的造假手段制造假币的。

（3）有制造贩卖假币线索的。

（4）持有人不配合金融机构收缴行为的。

办理假币收缴业务的人员，应当取得《反假货币上岗资格证书》。《反假货币上岗资格证书》由中国人民银行印制，中国人民银行各分行、营业管理部、省会（首府）城市中心支行负责对所在省（自治区、直辖市）金融机构有关业务人员进行培训、考试和颁发《反假货币上岗资格证书》。

金融机构对收缴的假币实物进行单独管理，并建立假币收缴代保管登记簿。

现金管理

【学习目标】

知识目标：能正确理解现金的概念，熟悉现金管理的相关规定；掌握现金收付的相关规定；掌握现金清查制度。

技能目标：会办理现金收付业务；会办理现金存取业务；会处理现金溢缺业务。

情感目标：培养严谨的工作态度；培养敏锐的洞察力。

任务一 现金收付

任务引入

齐天隆公司于 2015 年 1 月 21 日发生了如下几笔业务。

（1）业务员李明退回预借的多余差旅费（现金 200 元）。

（2）业务员张山出差，需预借差旅费 1 000 元。

以上业务该如何处理？

相关知识

一、什么是现金

现金是流动性最大的一种货币资金，它可以随时用以购买所需物资、支付日常零星开支、偿还债务等。现金的含义有广义与狭义之分。

广义的现金包括库存现款和视同现金的各种银行存款、流通证券等。依据国际惯例解释，现金是指随时可作为流通与支付手段的票证，不论是法定货币或信用票据，只要具有购买或支付能力，均可视为现金。

狭义的现金是指企业所拥有的硬币、纸币，即由企业出纳员保管作为零星业务开支之用的库存现款。

我国所采用的是狭义的现金概念。在我国，会计范畴中的现金又称库存现金，是指存放在企业并由出纳人员保管的现钞，包括库存的人民币和各种外币。

二、现金管理规定

为了加强对现金结算的管理，我国于 1988 年 9 月 12 日由国务院颁布了《现金管理暂行条例》；1988 年 9 月 23 日，中国人民银行发布了《现金管理暂行条例实施细则》，规定了我国各单位办理现金结算的基本要求。

1. 现金管理的基本原则

依据《现金管理暂行条例》，现金管理应当遵循以下几条基本原则。

（1）开户单位库存现金一律实行限额管理。库存现金限额是指为保证各单位日常零星支付按规定允许留存的现金的最高数额。凡在银行开户的独立核算单位都要核定库存现金限额。独立核算的附属单位，由于没有在银行开户，但需要保留现金，也要核定库存现金限额，其限额可包括在其上级单位库存限额内。商业企业的零售门市部需要保留找零备用金，其限额可根据业务经营需要核定，但不包括在单位库存现金限额之内。一个单位在几家银行开户的，由一家开户银行核定开户单位库存现金限额。

库存现金的限额，由开户行根据开户单位的实际需要和距离银行远近等情况核定。其限额一般按照单位 3～5 天日常零星开支所需现金确定。远离银行机构或交通不便的单位可依据实际情况适当放宽，但最高不得超过 15 天的日常零星开支的需要量。

办理库存现金限额的一般程序为：首先，填制现金库存限额申请批准书；然后，报送开户银行签署审查批准意见和核定数额。

库存现金限额经银行核定批准后，开户单位应当严格遵守，每日现金的结存数不得超过核定的限额。如库存现金不足限额时，可向银行提取现金，不得在未经开户银行准许的情况下坐支现金；库存现金限额一般每年核定一次，单位因生产和业务发展、变化需要增加或减少库存限额时，可向开户银行提出申请，经批准后，方可进行调整，单位不得擅自超出核定限额增加库存现金。

（2）禁止擅自坐支现金。坐支现金是指企事业单位和机关团体将本单位的现金收入直接用于现金支出。

按照《现金管理暂行条例》及其实施细则的规定，开户单位支付现金，可以从本单位的现金库存中支付或者从开户银行提取，不得从本单位的现金收入中直接支出（即坐支）。这主要是因为坐支使银

企业收入和支出应该是两条线操作，即收到的现金要存入银行，支出的现金要从日常备用金中支取。

行无法准确掌握各单位的现金收入来源和支出用途，干扰开户银行对各单位现金收付的管理，扰乱国家金融秩序。因此，坐支现金是违反财经纪律的行为，会受到财经纪律的处罚。

（3）企业收入的现金不准作为储蓄存款存储。

（4）收入现金应及时送存银行。

企业的现金收入应于当天送存开户银行，确有困难的，应由开户银行确定送存时间。

（5）严格按照国家规定的开支范围使用现金。按照国务院发布的《现金管理暂行条例》规定，开户单位可以在下列范围内使用现金。

你问我答：
坐支是否一律都禁止？哪些单位允许坐支？

① 职工工资、津贴。这里所说的职工工资指企业、事业单位和机关、团体、部队支付给职工的工资和工资性津贴。

② 个人劳务报酬。个人劳务报酬是指由于个人向企业、事业单位和机关、团体、部队等提供劳务而由企业、事业单位和机关、团体、部队等向个人支付的劳务报酬，包括新闻出版单位支付给作者的稿费，各种学校、培训机构支付给外聘教师的讲课费，以及设计费、装潢费、安装费、制图费、化验费、测试费、咨询费、医疗费、技术服务费、介绍服务费、经纪服务费、代办服务费、各种演出与表演费，以及其他劳务费用。

③ 根据国家规定颁发给个人的科学技术、文化艺术、体育等各种奖金。

④ 各种劳保、福利费用以及国家规定的对个人的其他支出。其他支出如退休金、抚恤金、学生助学金、职工困难生活补助。

⑤ 向个人收购农副产品和其他物资的价款。

⑥ 出差人员必须随身携带的差旅费。

⑦ 结算起点以下的零星支出。超过结算起点的应实行银行转账结算。结算起点目前为 1 000 元。结算起点的调整由中国人民银行确定报国务院备案。

⑧ 中国人民银行确定需要支付现金的其他支出。如采购地点不确定、交通不便、抢险救灾以及其他特殊情况，办理转账结算不够方便，必须使用现金的支出。对于这类支出，现金支取单位应向开户银行提出书面申请，由本单位财会部门负责人签字盖章，开户银行审查批准后予以支付现金。

（6）不准编造用途套取现金。企业及各单位在国家规定的现金使用范围和限额内需要现金，应从开户银行提取，提取时应写明用途，不得编造用途套取现金。

（7）企业及各单位之间不得相互借用现金。

除⑤、⑥两项外，开户单位支付给个人的款项，使用现金也不能超过结算起点。

2. 现金管理的"八不准"

按照《现金管理暂行条例》及其实施细则的规定，企业、事业单位和机关、团体、部队现金管理应遵守"八不准"。

（1）不准用不符合财务制度的凭证顶替库存现金。

（2）不准单位之间相互借用现金。

（3）不准谎报用途套取现金。

（4）不准利用银行账户代其他单位和个人存入或支取现金。

（5）不准将单位收入的现金以个人名义存入储蓄。

（6）不准保留账外公款（即小金库）。

（7）不准发行变相货币。

（8）不准以任何票券代替人民币在市场上流通。

开户单位如有违反现金管理"八不准"中的任何一种情况，按照《现金管理暂行条例》的规定，开户银行有权责令其停止违法活动，并根据情节轻重给予警告或罚款。

3. 现金保管制度

现金是流动性最强的资产，无需变现即可使用，所以现金也是犯罪分子谋取的最直接的目标。因此，各单位应建立健全现金保管制度，以防止给国家和单位造成不必要的损失。

现金保管制度一般包括如下内容。

（1）超过库存限额以外的现金应在下班前送存银行。

（2）为加强对现金的管理，只有工作时间需要的小量备用金可放在出纳员的抽屉内，其余则应放入出纳专用的保险柜内，不得随意存放。

（3）限额内的库存现金当日核对清楚后，一律放在保险柜内，不得放在办公桌抽屉内过夜。

（4）单位的库存现金不准以个人名义存入银行，以防止有关人员利用公款私存取得利息收入，也防止单位利用公款私存形成账外"小金库"。银行一旦发现公款私存，可以对单位处以罚款，情节严重的，可以冻结单位现金支付。

（5）库存现金，包括纸币和铸币，应实行分类保管。各单位的出纳员对库存票币应分别按照纸币的票面金额和铸币的币面金额，以及整数（即大数）和零数（即小数）分类保管。

三、现金收入业务

各单位现金收入的主要来源是零售商品的销售收入、各种业务收入以及其他的零星收入。

企业取得收入的主要方式一般为 POS 收款、转账支票收款等，但实际业务中，也经常会有现金收款的情况。

现金收入管理就是要求各单位现金收入要合法，而且现金结算收入都应送存银行，需要现金支出，则一律从银行提取，不得任意坐支。出纳应定期编制"现金收入报表"，反映本企业收入款项情况。

1. 现金收入业务的处理原则

出纳人员在收款时应遵循如下几个原则。

（1）"桌面清"原则。"桌面清"原则就是人们常说的"当面点清，离柜不认"的原则。出纳员在坚持"桌面清"原则时应特别注意，如果当事人离开出纳部门后发现款项有错而返回查询时，出纳员应在坚持制度的前提下，认真清理库存现金，如果确系有误，就应多退少补，否则，应向查询人员耐心解释清楚，尽量避免发生不必要的纠纷。

（2）"唱收"原则。"唱收"原则即出纳人员向付款人收取现金时，要当面说出所收现金金额，如收入现金100元，则对付款人说"收您100元"。坚持这个原则可以使出纳员与交款人再次明确所收金额，避免差错。

（3）"一笔一清"原则。"一笔一清"原则即清点完一笔，再清点另一笔，要按顺序逐笔处理，不能把几个单位（人）的现金互相混淆或调换，以免发生错误。如果遇有同时要办理两笔以上现金业务的，应该按业务发生的顺序或来人的先后排队，逐笔办理，不要一笔未办完又插入办理另一笔。一笔款项未办理妥当，出纳员不能离开岗位。出纳员离开岗位时，应随即将各种印鉴、重要单证和现金锁入保险柜内，要养成"人在岗，章、证、款在；人离岗，章、证、款锁"的良好职业习惯。

（4）坚持"复点"原则。所谓"复点"是指收入现金时换人复点应收的现金。因为双人复点可以互相监督、互相检查，防止错款事故的发生。如果当时只有出纳一人，出纳本人也要自己清点两遍以上，而且要将会计凭证与收入现金的数额反复核对，确认完全一致才能照收。如果在收款业务中发现数额有误，要立即向当事人说明情况，双方当场复核证实后多退少补。若在这方面的工作不细心，不照章办事，可能引发一些矛盾，造成不良影响。因此，为了保证现金收款金额的准确无误，出纳员必须坚持"复点"原则。在办完每笔业务之后，集中精力，点准现金，避免各种可能发生的差错。

2．现金收入业务的一般程序

现金收入业务的一般程序如下。

（1）审核现金收入来源及有关原始凭证。

（2）清点现金并复点，妥善保管现金。

（3）出具收款收据并加盖"现金收讫"印章，或在审核无误的销售发票上加盖"现金收讫"印章。

（4）根据收款后的原始凭证编制现金收款记账凭证。

（5）根据现金收款记账凭证登记现金日记账。

四、现金支付业务

1．现金支付业务的处理原则

出纳人员支付现金时一般应遵循以下几个原则。

（1）必须以真实、合法、准确的付款凭证为依据。

（2）必须以谨慎、严肃的态度来处理支付业务，宁可慢一些，也不能疏忽大意。

（3）必须以手续完备、审核无误的付款凭证为最终付款依据。

（4）现金支付时，应该当面点清，双方确认无误。

（5）不得套取现金用于支付。

套取现金是指逃避现金审查，采用不正当手段支取现金的违法行为。套取现金的一般方式有如下几种。

① 编造合理用途或以支取差旅费、备用金的名义支取现金。

② 利用私人或其他单位的账户支取现金。

③ 用公款转存个人储蓄账户支取现金。

④ 用转账方式通过银行、邮局汇兑，异地支出现金。

⑤ 用转账凭证换取现金。

⑥ 虚报冒领工资、资金和津贴补助。

2. 现金支付的基本方式

现金支付一般有以下两种基本方式。

（1）直接支付现金方式。直接支付现金方式，是指出纳人员根据有关支出凭证直接支付现金，减少库存现金的数量。使用这种方式支付现金，出纳部门或人员要事先做好现金储备，在不超过库存现金限额的情况下，保障现金的支付。

（2）支付现金支票方式。支付现金支票方式，是指出纳人员根据审核无误的有关凭证，将填好的现金支票交给收款人，由收款人直接到开户银行提取现金的支付方式。这种支付方式与直接支付现金方式作用相同，主要适用于大宗的现金付款业务。

3. 现金支付业务的一般程序

现金支付业务的一般处理程序如下。

（1）审核付款原始凭证及报销人员填制并经领导批准的报销单。

（2）取出并清点现金，在进行复点后支付。

（3）在审核无误的原始凭证上加盖"现金付讫"印章。

（4）根据付款后的原始凭证编制现金付款记账凭证。

（5）根据现金付款记账凭证登记现金日记账。

┃【知识链接】现金的历史 ┃

中国古代钱币萌芽于夏朝，起源于殷商，发展于东周，统一于嬴秦，历经了4 000多年的漫长历史，创造了70多项世界之最。不仅如此，中国钱币系统之完整、门类之丰富、脉络之清晰、内涵之博大，是任何一个国家都无法比拟的。

世界上最早的纸币"交子"出现在宋代，但是"交子"的实物和钞版均已遗失。目前，国内发现年代最早的"金代铜钞版"已被金泉钱币博物馆所收藏。

春秋战国时期，由于商品经济的迅速发展，开始出现了形态各异的古钱，其形状大多模仿当时的生产工具或生活用具。

秦始皇兼并六国后，为巩固封建统治和发展封建经济，统一了钱币政策，在全国范围内推行外圆内方的半两钱，这是中国历史上第一次币制改革。这种铜币避免了以往钱文复杂难辨、大小各异、轻重不一、币值不明等弊病，制定了适应需要的重量和形制。半两钱作为我国钱币发展史上的一座里程碑，标志着这种外圆内方的钱币在形制上从此固定下来，并为历代所沿袭，直至清末。开元通宝钱币的问世标志着中国钱币自秦始皇统一货币后的第二次币制改革，它持续流行了1 300年。

汉代商业活动繁荣，钱币制度也有了重大改革。汉武帝元狩五年，也就是公元前118年开始铸造五铢钱，该钱币轻重适宜，其大小、形制一直到隋代还在继续沿用。

到了宋代，铜、铁钱并用，铸钱数量相当可观，十几位皇帝共有四五十种年号钱。南宋淳熙七年铸行的淳熙通宝，钱背上有"柒"字纪年，至淳熙九年后改成小写，这就是所谓的纪年钱。这种钱币纪年制度一直沿用到宋末，是宋钱的一大特征，比欧洲钱币纪年要早 300 多年。 在我国元朝和明朝时期主要推行纸币，铜钱铸造较少。

明中叶以后，白银成了主要货币，铜钱仅用于小额支付，但它仍然是政府发行的重点。清光绪年间，两广总督张之洞吸收了西方铸币的先进技术，向英国购置了造币机器，在广州筹建造币厂，率先开创机器制币，进行了中国钱币史上的第三次革命。先进的制币技术在光绪后期取得了成功。从此，机制币全面进入我国的货币领域。

任务实施

（1）任务内容：2015 年 1 月 21 日，业务员李明退回多余的预借差旅费（现金 200 元）。

任务分析：出纳员的处理过程如下。

① 出具收款收据并加盖"现金收讫"印章，如表 2-1 所示。

② 根据收据编制收款记账凭证，如表 2-2 所示。

注：原始凭证附在记账凭证后面。

③ 根据现金收款记账凭证登记现金日记账（略）。

填制完成后的收款收据（见表 2-1）。

表 2-1　　　　　　　　　　　收　款　收　据

2015 年 1 月 21 日　　　　　　　　　NO11588462

交款单位	李明	交款方式	现金								
			十	万	千	百	十	元	角	分	
人民币（大写）	贰佰元整				¥	2	0	0	0	0	
交款事由	退回多余的差旅费							现金收讫			

单位盖章：　　　会计主管：海波　　　审核：海波　　　出纳：丁冬　　　经办：丁冬

表 2-2　　　　　　　　　　　收款凭证

收　款　凭　证

借方科目：库存现金　　　　　　2015 年 1 月 21 日　　　　　　现收字第 8 号

摘　要	贷方总科目	明细科目	借或贷	金额									
				千	百	十	万	千	百	十	元	角	分
退回差旅费余额	其他应收款	李明							2	0	0	0	0
合　计									¥	2	0	0	0	0

会计主管：海波　　　记账　　　出纳：丁冬　　　审核：海波　　　制单：丁冬

（2）任务内容：业务员张山出差，预借差旅费1 000元，现金支付。

任务分析：出纳员的处理过程如下。

① 审核借款单，如表2-3所示。

② 取出并清点现金，在进行复点后支付。

③ 在审核无误的借款单上加盖"现金付讫"印章。

④ 根据付款后的原始凭证编制现金付款记账凭证（见表 2-4）；注：原始凭证附在记账凭证后面）。

⑤ 根据现金付款记账凭证登记现金日记账（略）。

表 2-3　　　　　　　　　　　　　借款单

借　款　单　　（第三联记账联）

2015 年 1 月 21 日　　　　　　　　　　　　№.256 983

借款单位	销售科	姓名	张山	职务		出差地点	山东济南
						天　数	3
事由	培训		借款金额（大写）	人民币壹仟元整　¥ 1 000.00			
实际报销金额	¥ ____	结余金额	¥ ____	注意事项	一、凡借用公款必须使用本单。二、第三联为正式借据由借款人和单位负责人签单。三、出差返回后七天内结算。		
		超支金额	¥ ____				
单位负责人签单	韩旭	借款人签单	张山	备注	现金付讫		

表 2-4　　　　　　　　　　　　现金付款凭证

付　款　凭　证

贷方科目：库存现金　　　　**2015 年 1 月 21 日**　　　　现付字第 **9** 号

摘　要	借方总科目	明细科目	借或贷	金额										附单据1张
				千	百	十	万	千	百	十	元	角	分	
预支差旅费	**其他应收款**	**张山**						1	0	0	0	0	0	
合计							¥	1	0	0	0	0	0	

会计主管：**海波**　　记账　　出纳：**丁冬**　　审核：**海波**　　制单：**丁冬**

任务二　现金存取

任务引入

齐天隆公司 2015 年 1 月 22 日发生了如下两笔业务。

（1）出纳员丁冬提取备用金 10 000 元。

（2）下班前，出纳员丁冬将当日多余库存现金 6 000 元交存银行。

相关知识

一、现金存入业务

各单位对当天收入的现金或超过库存限额的现金，应及时送存开户银行。

去银行存入现金之前，出纳要采取一定的安全保证措施，保证现金及人身安全，携带现金出门时尽量保证现金不外露，送存大量现金时要申请其他人陪同。

现金存入业务的一般程序如下。

（1）整点票币。纸币要平铺整齐，每百张为一把，每十把为一捆，以此类推，用纸条在腰中捆扎好，余为零头；硬币每百枚或五十枚为一卷，十卷为一捆，不足一卷为零头；最后合计出需要存款的金额。

（2）填写现金存款凭证。出纳人员在填写现金存款凭证时要注意：要用双面复写纸复写，交款日期必须填写交款的当日，收款人名称应填写全称，款项来源要如实填写，大小写金额的书写要标准，券别和数额栏要按实际送款时各种券面的张数或枚数填写。

（3）送存银行。向银行提交存款凭证和整点好的票币，票币要一次性交清，当面清点，如有差异，应当面复核。

（4）收回现金存款回单。开户银行受理后，在现金存款凭证上加盖"现金收讫"和银行印鉴后退回交款人一联，表示款项已收妥。出纳人员要收好银行回单避免丢失。

（5）编制记账凭证。根据银行退回盖有"现金收讫"和银行印鉴的现金存款凭证，编制记账凭证。

（6）登记账簿。根据记账凭证登记现金日记账。

二、现金提取业务

当各单位需要用现金支付，但库存现金小于库存现金定额，需要现金补足时，按规定可以从银行提取现金。

提取现金业务的一般程序如下。

（1）填写并审核现金支票领用登记表，如表 2-5 所示。现金支票领用登记表是企业用来登记现金支票使用情况的记录表，它包含的主要内容有：银行账户信息、领用日期、支票号码、摘要、金额、领用人、审批人、备注等。

表 2-5   现金支票领用登记明细表

账户：   编号：

日期	支票号码	摘要	金额	领用人	审批人	备注

（2）领用并填写现金支票。现金支票是由存款人签发，委托开户银行向收款人支付一定数额现金的票据。现金支票是支票的一种，是专门用于支取现金的。开户单位应按现金的开支范围签发现金支票。

（3）审核背书现金支票。现金支票经过财务经理审核正确无误后，就可以在现金支票正联的出票人签章处以及反面的收款人签章处加盖财务专用章。当财务经理盖章完毕之后，出纳也要在出票人签章处以及反面的收款人签章处加盖法人专用章。

（4）银行取现。到银行提取现金不需要存根联，存根联单独留存以备记账。出纳去银行提取现金时一般需要携带身份证件，且由他人陪同，以保证现金的安全。提取现金之后离开银行之前要先确认提取的现金金额与现金支票填写的金额是否一致，确认无误后方可离开银行。提取现金回到单位后应将现金存入保险柜。

（5）编制记账凭证。根据有关原始凭证编制记账凭证。

（6）登记账簿。根据记账凭证登记现金日记账。

【知识链接】会计制度介绍

会计制度是对商业交易和财务往来在账簿中进行分类、登录、归总，并进行分析、核实和上报结果的制度，是进行会计工作所应遵循的规则、方法、程序的总称。

会计制度的内容有详有简。详细的会计制度包括会计凭证的种类和格式以及编制、传递、审核、整理、汇总的方法和程序，会计科目的编号、名称及其核算内容，账簿的组织和记账方法，记账程序和记账规则，成本计算方法，财产清查办法，会计报表的种类、格式和编制方法及报送程序，会计资料的分析利用，会计检查的程序和方法，电子计算在会计中的应用，会计档案的保管和销毁办法，会计机构的组织，会计工作岗位的职责等。

会计制度属上层建筑，是国家管理经济的重要规章。随着经济体制及财政、财务、税收制度的改革，会计制度也会进行相应的改变。

任务实施

（1）任务内容：当日提取备用金 10 000 元。

任务分析：出纳员首先应正确填写现金支票，然后去银行办理取款业务。

现金支票的填写如表 2-6 所示。

表 2-6　　　　　　　　　　　　　　现金支票正面

中国工商银行	中国工商银行 现金支票（鲁）　No:05146140		
现金支票存根（鲁） 支票号码：05146140 科目_____ 对方科目_____ 出票日期2015年1月22日	出票日期(大写)贰零壹伍年零壹月贰拾贰日　付款名称：工商银行西山支行 收款人：齐天隆公司　　　　　　　出票人账号：206666666		

	千	百	十	万	千	百	十	元	角	分
人民币(大写)壹万元整			¥	1	0	0	0	0	0	0

收款人：本单位 金额：10000 用途：备用金 单位主管　会计	用途：备用金 上列款项请从 账户内支付 出票人签章	对方科目（贷） 付讫日期　年 复核	年　月　日
		帖对号单处	

（2）任务内容：下班前，将当日多余库存现金 6 000 元交存银行。

任务分析：出纳员应当正确填写现金存款凭证，如表 2-7 所示，连同整点好的票币交给银行工作人员办理业务。

表 2-7　　　　　　　　　　　　　现金存款凭证

2015 年　1 月　22 日　　　鲁A　　0 0 6 4 8 3 9 4

存款人	全　　称	齐天隆公司				第一联
	账　　号	206666666	款项来源	库存现金余额		
	开户行	工商银行西山支行	交款人	齐天隆公司财务部		
金额 大写人民币(本位币)陆仟元整			金额 小写	¥ 6 000.00		
票　面	张　数	票　面	张　数	票　面	张　数	回单联
100	60					
				经办　　　复核 　　　　　02526		

任务三　现金清查

任务引入

齐天隆公司 2015 年 1 月 23 日发生了如下两笔业务。

（1）现金盘点中发现短缺 15 元，原因待查。

（2）经查明，上述短缺款项是出纳员丁冬工作疏忽所致，由其赔偿。

以上两笔业务应当如何处理？

相关知识

一、现金清查制度

现金的清查是通过对库存现金的实地盘点并与现金账户进行核对来检查账实是否相符，保护现金的安全完整。现金的清查包括出纳员对现金的日常核对清点和清点小组定期或不定期的现金清查。

现金清查应当坚持日清月结制度。日清月结是出纳员办理现金出纳工作的基本原则和要求，也是避免出现长款、短款的重要措施。所谓日清月结就是出纳员办理现金出纳业务，必须做到按日清理、按月结账。这里所说的按日清理，是指出纳员应对当日的经济业务进行清理、全部登记日记账，结出库存现金账面余额，并与库存现金实地盘点数核对相符。按日清理的内容包括以下几点。

1. 清理各种现金收付款凭证

检查单证是否相符，也就是说各种收付款凭证所填写的内容与所附原始凭证反映的内容是否一致；同时还要检查每张单证是否已经盖齐"收讫"、"付讫"的戳记。出纳人员不得以白条冲抵库存现金。

2. 登记和清理日记账

将当日发生的所有现金收付业务全部登记入账，在此基础上，看看账证是否相符，即现金日记账所登记的内容、金额与收、付款凭证的内容、金额是否一致。清理完毕后，结出现金日记账的当日库存现金账面余额。

> 你问我答：
> 什么叫"白条"？

3. 现金盘点

出纳员应按券别分别清点其数量，然后加总，即可得出当日现金的实存数。将盘存得出的实存数和账面余额进行核对，看两者是否相符。如发现有长款或短款，应进一步查明原因，及时进行处理。所谓长款，是指现金实存数大于账存数；所谓短款，是指实存数小于账面余额。如果经查明长款属于记账错误、丢失单据等，应及时更正错账或补办手续，如属少付他人则应查明退还原主，如果确实无法退还，则应办理相关审批手续将这笔多出的金额作为单位的收益。对于短款，如果查明属于记账错误应及时更正错账；如果属于出纳员工作疏忽或业务水平问题，一般应按规定由过失人赔偿。

4. 检查库存现金是否超过规定的现金限额

如果实际库存现金超过规定库存限额，则应将超过部分及时送存银行；如果实际库存现金低于库存限额，则应及时补提现金。

一般来说，现金清查多采用突击盘点方法，不预先通知出纳员，以防预先做手脚。盘点最好在一天业务没有开始之前或一天业务结束后进行，由出纳员将截止到清查时的现金收付账项全部登记入账，并结出账面余额。这样可以避免干扰正常的业务。清查时出纳员应始终在场，并给予积极的配合。清查结束后，应由清查人填制"现金清查盘点报告表"，填列账存、实存以及溢余或短缺金额，并说明原因，上报有关部门或负责人进行处理。"现金清查盘点报告表"格式如表 2-8 所示。

表 2-8　　　　　　　　　　　库存现金清查盘点报告表

单位名称：　　　　　　　　　　　年　月　日　　　　　　　　　　　单位：元

库存金额	账面余额	盘盈金额	盘亏金额	备注
盘盈盘亏说明				

会计签字：　　　　　　　　　　出纳签字：

注：此表应按月编制，附在出纳报告单后。

现金清查中应注意以下几个问题。

（1）清查时现金出纳人员应在场。

（2）企业库存现金分放两处或两处以上的，应同时清查或先封存再依次清查。

（3）清查时，不仅要检查账实是否相符，还应查明现金收付业务是否遵守财经纪律、现金的管理工作是否符合现金的管理制度等。

（4）清查时，若发现现金短缺或溢余，应设法查明原因，并编制现金盘点报告，列明实存、账存及溢余金额。有溢余金额的应说明原因，及时报请有关负责人，根据不同情况作出处理。

二、现金短缺及溢余的处理

企业每日终了结算现金收支、财产清查等发现有待查明原因的现金短缺或溢余，应通过"待处理财产损溢"科目核算。

（1）如果问题属于现金短缺，应按实际短缺的金额进行核算。

借：待处理财产损溢——待处理流动资产损溢
　　贷：库存现金

（2）如果问题属于现金溢余，应按实际溢余的金额进行核算。

借：库存现金
　　贷：待处理财产损溢——待处理流动资产损溢

（3）现金短缺或溢余，查明原因后进行如下处理。

① 如果是现金短缺，属于应由责任人（或保险公司）赔偿的部分，应当分录如下。

借：其他应收款——应收现金短缺（或应收保险赔款）
　　贷：待处理财产损溢——待处理流动资产损溢

属于无法查明的其他原因，根据管理权限，经批准后处理，应当分录如下。

借：管理费用——现金短缺
　　贷：待处理财产损溢——待处理流动资产损溢

② 如果是现金溢余，属于应支付给有关人员或单位的，应当分录如下。

借：待处理财产损溢——待处理流动资产损溢
　　贷：其他应付款——应付现金溢余（个人或单位）

属于无法查明原因的现金溢余，经批准后，应当分录如下。

借：待处理财产损溢——待处理流动资产损溢

贷：营业外收入——现金溢余

【知识链接】如何设计库存现金清查盘点报告

在现金出纳人员日常盘点的基础上，还应由专门财产清查人员进行定期与不定期相结合的复核、检查性盘点。清查结束后无论是否发现问题，都应将清查盘点结果填列在"库存现金清查盘点报告"上（具体格式如表2-8所示），并由清查人员和现金出纳签字盖章，以确保其效力。

其设计要点如下。

（1）分别列示实存金额和账面余额，并计算出差异额。

（2）设置"备注"栏，说明存在的相关问题。

任务实施

（1）任务内容：现金盘点中发现短缺15元，原因待查。

任务分析：现金盘点中发现短缺，在查明原因前应记入"待处理财产损溢"账户，会计分录如下。

借：待处理财产损溢——待处理流动资产损溢　　　　　　　　　　15

　　贷：库存现金　　　　　　　　　　　　　　　　　　　　　　　　15

（2）任务内容：经查明，上述短缺款项是出纳员丁冬工作疏忽所致，由其赔偿。

任务分析：现金短缺属于应由责任人赔偿的部分，在收到赔偿款前，应当记入"其他应收款"账户，会计分录如下。

借：其他应收款——应收现金短缺（或丁冬）　　　　　　　　　　15

　　贷：待处理财产损溢——待处理流动资产损溢　　　　　　　　　15

岗位能力训练

一、课堂讨论

1. 我国会计上所说的现金到底有什么含义？

2. 柜台收付现金的质量要求是什么？

二、单项选择

1. 企业财务部门出纳经管的库存现金包括（　　　）。

　　A. 库存的人民币和外币　　　　　　B. 个人领取备用的现金

　　C. 销售部门留存用于找零的现金　　D. 所属单位上缴的在途现金

2. 按照《现金管理暂行条例》，下列不属于现金使用范围的有（　　　）。

　　A. 支付职工的工资、津贴　　　　　B. 出差人员必须随身携带的差旅费

　　C. 企业购买生产材料　　　　　　　D. 支付城乡居民个人的劳务报酬

3. 下列关于现金管理的说法不正确的是（　　　）。

A．开户单位库存现金一律实行限额管理

B．所有企业都禁止坐支现金

C．企业收入的现金不准作为储蓄存款存储

D．收入现金应及时送存银行

4．现金盘点中发现溢余，在查明原因前，应当（　　　　）。

A．借记"待处理财产损溢"　　　　B．贷记"待处理财产损溢"

C．贷记"现金"　　　　　　　　　D．贷记"营业外收入"

5．现金盘点中发现短缺，在查明原因前，应当（　　　　）。

A．借记"待处理财产损溢"　　　　B．贷记"待处理财产损溢"

C．借记"现金"　　　　　　　　　D．借记"管理费用"

6．库存现金限额一般是按企业（　　　　）的日常零星开支的需要量进行核定。

A．3 天　　　　　B．5 天　　　　　C．3～5 天　　　　D．3～15 天

7．库存现金清查中发现的确实无法查明原因的长款，应贷记（　　　　）账户。

A．"盈余公积"　　　　　　　　　B．"管理费用"

C．"其他业务收入"　　　　　　　D．"营业外收入"

8．企业现金和银行存款日记账由（　　　　）根据审核无误的记账凭证逐日逐笔进行登记。

A．会计主管　　　　B．出纳员　　　　C．审计员　　　　D．财务总监

9．下列各项不能采用现金结算的是（　　　　）。

A．支付职工加班工资 800 元　　　　B．向一般纳税人购入原材料 5 000 元

C．采购员随身携带的差旅费 3 000 元　D．向个人收购农副产品 1 300 元

10．下列人民币书写正确的是（　　　　）。

A．人民币二千元整　　　　　　　B．4 250.00 元

C．￥380.00 元　　　　　　　　　D．￥3 650.00

三、多项选择

1．下列事项中，单位开户银行可以使用现金的有（　　　　）。

A．发给公司甲某的 800 元奖金

B．支付给公司临时工王某的 2 000 元劳务报酬

C．向农民收购农产品的 1 万元收购款

D．出差人员出差必须随身携带的 2 000 元差旅费

2．关于现金管理中现金使用的限额，下列表述正确的是（　　　　）。

A．开户银行应当根据实际需要，核定开户单位 3～5 天的日常零星开支所需的库存现金限额

B．边远地区开户单位的库存现金限额，可以多于 5 天，但不得超过 10 天

C．开户单位需要增加或减少库存现金限额的，应当向开户银行提出申请，由开户银行核定

D．超市找零备用现金不属于库存现金限额，因此不需要核定

四、案例分析

1．2015 年 1 月 31 日，星月集团对其库存现金进行实际盘点后，发现实际库存现

金数为 4 379.18 元，其现金日记账上的账面余额为 5 728.10 元。库存现金中，有 4 张公司职工私人借款的欠条，合计 697.90 元；按财务制度规定，星月集团的库存现金余额为 1 500.00 元。试分析星月集团现金管理存在的问题。

2. 2015 年 1 月 10 日至 3 月 10 日，星月集团的出纳员因病住院，休病假两个月。在此期间，公司未另行指定专人代替她的工作，而是由会计兼任。试分析星月集团的这种做法是否合理。

五、实务操作

1. 2015 年 1 月 11 日，星月集团的王明报销差旅费，退回余款现金 200 元。请根据业务内容填制收款收据和记账凭证。

收款收据

年　月　日　　　　　　　　　　　　NO11588462

交款单位		交款方式										
人民币（大写）				百	十	万	千	百	十	元	角	分
交款事由												

单位盖章：　　　会计主管：　　　审核：　　　出纳：　　　经办：

第二联收款收据

收　款　凭　证

借方科目：　　　　　　年　月　日　　　　　收字第　号

摘要	贷方总科目	明细科目	借或贷	金额									
				千	百	十	万	千	百	十	元	角	分
								1	0	0	0	0	0
合计							¥	1	0	0	0	0	0

会计主管：　　记账：　　出纳：　　审核：　　制单：

2. 2015 年 1 月 12 日，星月集团需提取现金 5 000 元。请根据业务内容填制现金支票和记账凭证。

中国工商银行		中国工商银行 现金支票（鲁）　No1.:06146436	
现金支票存根（鲁）		出票日期（大写）　　年　月　日　付款行名称：	
支票号码：06146436	本支票付款期十天	收款人：　　　　　　　出票人账号：	
科目_____		人民币	千 百 十 万 千 百 十 元 角 分
对方科目_____		（大写）	
出票日期　年　月　日		用途_____	科目（借）
收款人：		上列款项请从	对方科目（贷）
金　额：		我账户内支付	付讫日期　年　月　日
用　途：		出票人签章	出纳　　复核　　记账
单位主管　会计			贴对号单处

付　款　凭　证

贷方科目：　　　　　　　　　年　月　日　　　　　　　付字第　　号

	摘　　　要	借方总科目	明细科目	借或贷	金额										附单据
					千	百	十	万	千	百	十	元	角	分	
															张
	合　　　计														

会计主管：　　　　　记账：　　　　出纳：　　　　审核：　　　　制单：

3. 2015 年 1 月 13 日，星月集团的出纳员将当日多余的库存现金 2 000 元交存银行。请根据业务内容填制现金存款凭证。

中国工商银行 INDUSTRIAL AND COMMERCIAL BANK OF CHINA			现金存款凭证	
		年　　月　　日　鲁A　0 0 6 4 8 3 9 4		
存款人	全　　称			第一联
	账　　号		款项来源	
	开户行		交款人	
金额 大写人民币(本位币)			金额 小写	回单联
票　面　张　数　票　面　张　数　票　面　张　数				
			经办　　复核 02526	

六、课外阅读

关于现金管理的法律责任

我国《现金管理暂行条例》第二十一条规定，开户单位有下列情形之一的，开户银行应当依照中国人民银行的规定，予以警告或者罚款；情节严重的，可在一定期限内停止对该单位的贷款或者停止对该单位的现金支付。

（1）对现金结算给予比转账结算优惠待遇的。

（2）拒收支票、银行汇票和银行本票的。

（3）违反本条例第八条规定，不采取转账结算方式购置国家规定的专项控制商品。

（4）用不符合财务会计制度规定的凭证顶替库存现金的。

（5）用转账凭证套换现金的。

（6）编造用途套取现金的。

（7）互相借用现金的。

（8）利用账户替其他单位和个人套取现金的。

（9）将单位的现金收入按个人储蓄方式存入银行的。

（10）保留账外公款的。

（11）未经批准坐支或者未按开户银行核定的坐支范围和限额坐支现金的。

项目三
银行业务

【学习目标】

知识目标：能够熟练掌握银行结算办法的要求；能够熟练掌握各种银行结算办法的适用范围和流程；能够运用各种银行结算办法处理经济业务。

能力目标：能够根据业务选择合适的银行结算办法；能够正确办理各种银行结算和支付。

情感目标：培养灵活处理问题的能力；培养与他人沟通协调的方式、方法与能力。

任务一　银行结算账户管理

任务引入

2015年3月1日，因业务结算所需，财务主管要求丁冬到中国银行开立一般存款账户。丁冬该如何开立呢？

相关知识

一、银行结算账户的概念和种类

银行结算账户是指银行为存款人开立的办理资金收付的活期存款账户。银行结算账户按存款人不同可分为单位银行结算账户和个人银行结算账户。

单位银行结算账户按用途可分为基本存款账户、一般存款账户、专用存款账户和临时存款账户。

1. 基本存款账户

基本存款账户是指存款人办理日常转账结算和现金收付的账户。存款人的工资、奖金等现金支出，只能通过基本存款账户办理。一般情况下，存款人只能开立一个基本存款账户，它是独立核算单位在银行开立的主要账户。

（1）开设基本存款账户的程序。申请开立基本存款账户，应向银行出具下列证明文件。

① 携带证件到开户银行申请《开户许可证》。《开户许可证》是由中国人民银行核发的一种开设基本账户的凭证，如图 3-1 所示。申请基本存款账户需要携带下列证件。

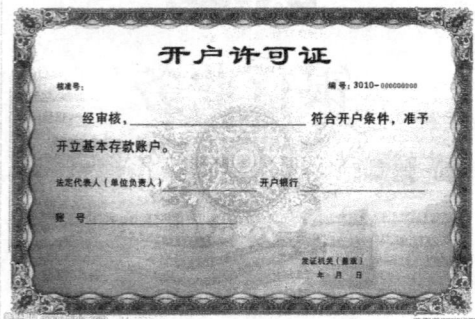

图 3-1　开户许可证

- 营业执照副本原件。
- 税务登记证正本原件。
- 组织机构代码证正本原件。
- 法人身份证原件。
- 法定代表人授权委托书。
- 被授权的代理人身份证及复印件盖公章。
- 单位公章。
- 法定代表人名章。
- 财务印鉴（财务专用章、法人章、财务主管名章）。

开户银行审核无误后，送交中国人民银行审批，审批成功后由人民银行颁发《开户许可证》。

② 填制开户申请书。开户申请书格式如表 3-1 所示。

③ 送交盖有存款人印章的"印鉴卡"。印鉴卡是单位身份、账户的证明。印鉴卡分为正卡和副卡，均应加印防伪标志及编号（正、副卡编号一致），正卡一张，由印鉴初审人员保管使用，副卡两张，其中一张由印鉴复审人员保管使用，另一张由银行受理签章后退开户单位。开户单位留存的副卡，在更换印鉴或销户时应予交回。印鉴卡的作用是验证印章的真伪，在企业办理业务时需要将支票、借据上面的印鉴对角折

叠核对或者扫描后电子验证，通过后才能办理业务。印鉴卡的格式如表 3-2 所示。

表 3-1　　　　　　　　　　　　　　开立单位银行结算账户申请书

开立单位银行结算账户申请书

存款人名称			电　话	
地　　址			邮　编	
存款人类别		组织机构代码		
法定代表人（　）	姓　　名			
单位负责人（　）	证件种类		身份证号码	
行业分类	A（　）B（　）C（　）D（　）E（　）F（　）G（　）H（　）I（　）J（　） K（　）L（　）M（　）N（　）O（　）P（　）Q（　）R（　）S（　）T（　）			
注册资金		地区代码		
经营范围				
证明文件种类		证明文件编号		
税务登记证编号 （国税或地税）				
关联企业	关联企业信息填列在"关联企业登记表"上			
账户性质	基本（　　）一般（　　）专用（　　）临时（　　）			
资金性质		有效日期至		年　月　日

以下为存款人上级法人或主管单位信息：

上级法人或主管单位名称		
基本存款账户开户许可证核准号		组织机构代码
法定代表人（　） 单位负责人（　）	姓　　名	
	证件种类	
	证件号码	

以下栏目由开户银行审核后填写：

开户银行名称		开户银行代码	
账户名称		账　号	
基本存款账户开户许可证核准号		开户日期	
本存款人申请开立单位银行结算账户，并承诺所提供的开户资料真实、有效。 　　　　存款人（公章） 　　　　　年　月　日	开户银行审核意见： 经办人（签章） 　　　　存款人（签章） 　　　　年　月　日	人民银行审核意见： 经办人（签章） 　　　人民银行（签章） 　　　年　月　日	

填列说明。

1. 申请开立临时存款账户，必须填列有效日期；申请开立专用存款账户，必须填列资金性质。

2. 该行业标准由银行在营业场所公告，"行业分类"中各字母代表的行业种类如下：A. 农、林、牧、渔业；B. 采矿业；C. 制造业；D. 电力、燃气及水的生产供应业；E. 建筑业；F. 交通运输、仓储和邮政业；G. 信息传输、计算机服务及软件业；H. 批发和零售业；I. 住宿和餐饮业；J. 金融业；K. 房地产业；L. 租赁和商务服务业；M. 科学研究、技术服务和地质勘查业；N. 水利、环境和公共设施管理；O. 居民服务和其他服务业；P. 教育业；Q. 卫生、社会保障和社会福利业；R. 文化、教育和娱乐业；S. 公共管理和社会组织；T. 其他行业。

3. 带括号的选项填"√"。

表 3-2 中国银行股份有限公司印鉴卡

中国银行股份有限公司印鉴卡

				NO:	
户名		账号			
地址		币种			
联系人		账户性质			
联系电话		是否通兑	□通兑	□不通兑	
预留银行签章式样			使用说明		
			启用日期	年 月 日	
			注销日期	年 月 日	

网点经办： 网点复核： 建库经办： 建库复核：

（2）基本存款账户的变更和撤销。各单位变更账户名称或撤销基本存款账户，必须按规定办理有关手续。存款单位申请改变账户名称的，应撤销原账户，按规定再开立新账户；存款单位撤销账户，必须与开户银行核对账户余额并结算利息，全部核对无误后开出支取凭证结算余额，同时，将未用完的各种重要空白凭证（包括银行汇票、商业汇票、银行本票、支票、信用卡卡片）交回银行，经开户银行审查同意后，由办理销户的存款单位填制好一式四联的《单位申请撤销（转）银行账户审批表》，开户银行据以办理销户。《单位申请撤销（转）银行账户审批表》第一联由开户单位留存，第二、三、四联由开户银行凭以销户和存查。

另外，开户银行对于一年未发生收付活动的账户，会通知存款单位销户，存款单位应自发出通知起 30 日内到开户银行办理销户手续，逾期视同自愿销户。

2．一般存款账户

一般存款账户是存款人因借款或其他结算需要，在基本存款账户开户银行以外开设的银行营业机构开立的银行结算账户。一般存款账户用于办理存款人借款转存、借款归还和其他结算的资金收付。该账户可以办理现金缴存，但不得办理现金支取。

存款人申请开立一般存款账户，与基本存款账户的开立流程类似，区别主要是开立基本存款账户之前要先在开户银行申请《开户许可证》，而企业在办理一般存款账户时，《开户许可证》早已办理完毕，企业可直接携带相关资料到银行申请办理一般存款账户。另外，存款人因向银行借款需要，应出具借款合同；因其他结算需要，还应出具有关证明。

你问我答：
企业一般存款账户开户后就可立即用于办理收付款业务吗？

3．专用存款账户

专用存款账户是存款人按照法律、行政法规和规章，对其特定用途资金进行专项管理和使用而开立的银行结算账户。专用存款账户用于办理各项专用资金的收付。

单位银行卡账户的资金必须由其基本存款账户转账存入。该账户不得办理现金收付业务。

（1）开立专用存款户的资金种类。对下列资金的管理与使用，存款人可以申请开立专用存款账户。

① 基本建设资金。

② 更新改造资金。

③ 财政预算外资金。

④ 粮、棉、油收购资金。

⑤ 证券交易结算资金。

⑥ 期货交易保证金。

⑦ 信托基金。

⑧ 金融机构存放同业资金。

⑨ 政策性房地产开发资金。

⑩ 单位银行卡备用金。

⑪ 住房基金。

⑫ 社会保障基金。

⑬ 收入汇缴资金和业务支出资金。收入汇缴资金和业务支出资金，是指基本存款账户存款人附属的非独立核算单位或派出机构发生的收入和支出的资金。因收入汇缴资金和业务支出资金开立的专用存款账户，应使用隶属单位的名称。

⑭ 党、团、工会设在单位的组织机构经费。

⑮ 其他需要专项管理和使用的资金。

（2）申请开立专用存款账户需提供的文件。存款人申请开立专用存款账户，应向银行出具其开立基本存款账户规定的证明文件、基本存款账户开户登记证和下列证明文件。

① 基本建设资金、更新改造资金、政策性房地产开发资金、住房基金、社会保障基金，应出具主管部门批文。

② 财政预算外资金，应出具财政部门的证明。

③ 粮、棉、油收购资金，应出具主管部门批文。

④ 单位银行卡备用金，应按照中国人民银行批准的银行卡章程的规定出具有关证明和资料。

⑤ 证券交易结算资金，应出具证券公司或证券管理部门的证明。

⑥ 期货交易保证金，应出具期货公司或期货管理部门的证明。

⑦ 金融机构存放同业资金，应出具其证明。

⑧ 收入汇缴资金和业务支出资金，应出具基本存款账户存款人有关的证明。

⑨ 党、团、工会设在单位的组织机构经费，应出具该单位或有关部门的批文或证明。

⑩ 其他按规定需要专项管理和使用的资金，应出具有关法规、规章或政府部门的有关文件。

4. 临时存款账户

临时存款账户是存款人因临时需要并在规定期限内使用而开立的银行结算账户。临时存款账户的有效期最长不得超过 2 年。注册验资的临时存款账户在验资期间只收不付，注册验资资金的汇缴人应与出资人的名称一致。

（1）开立临时存款账户的情况。有下列情况的，存款人可以申请开立临时存款账户。

① 设立临时机构。

② 异地临时经营活动。

③ 注册验资。

（2）申请开立临时存款账户应出具的文件。存款人申请开立临时存款账户，应向银行出具下列证明文件。

① 临时机构，应出具其驻在地主管部门同意设立临时机构的批文。

② 异地建筑施工及安装单位，应出具其营业执照正本或其隶属单位的营业执照正本，以及施工及安装地建设主管部门核发的许可证或建筑施工及安装合同。

③ 异地从事临时经营活动的单位，应出具其营业执照正本以及临时经营地工商行政管理部门的批文。

④ 注册验资资金，应出具工商行政管理部门核发的企业名称预先核准通知书或有关部门的批文。

（3）异地开立银行结算账户的情形。存款人有下列情形之一的，可以在异地开立有关银行结算账户。

① 营业执照注册地与经营地不在同一行政区域（跨省、市、县）需要开立基本存款账户的。

② 办理异地借款和其他结算需要开立一般存款账户的。

③ 存款人因附属的非独立核算单位或派出机构发生的收入汇缴或业务支出需要开立专用存款账户的。

④ 异地临时经营活动需要开立临时存款账户的。

二、银行结算账户的开立、变更和撤销

1. 银行结算账户的开立

（1）存款人应在注册地或住所地开立银行结算账户。符合异地（跨省、市、县）开户条件的，也可以在异地开立银行结算账户。

（2）需要人民银行核准的账户包括：基本存款账户、临时存款账户（因注册验资和增资验资开立的除外）、预算单位专用存款账户和合格境外机构投资者在境内从事证券投资开立的人民币特殊账户和人民币结算资金账户（简称"QFII 专用存款账户"）。

（3）符合开立一般存款账户、其他专用存款账户和个人银行结算账户条件的，银行应办理开户手续，并于开户之日起 5 个工作日内向中国人民银行当地分支行备案。

（4）中国人民银行当地分支行应于 2 个工作日内对开户银行报送的核准类账户的

开户资料的合规性予以审核，符合开户条件的，予以核准，颁发基本（临时或专用）存款账户开户许可证。

（5）存款人开立单位银行结算账户，自正式开立之日起3个工作日后，方可使用该账户办理付款业务，但注册验资的临时存款账户转为基本存款账户和因借款转存开立的一般存款账户除外。对于核准类银行结算账户，"正式开立之日"为中国人民银行当地分支行的核准日期；对于非核准类银行结算账户，"正式开立之日"为开户银行为存款人办理开户手续的日期。

2．银行结算账户的变更

存款人更改名称，但不改变开户银行及账号的，应于5个工作日内向开户银行提出银行结算账户的变更申请，并出具有关部门的证明文件。

单位的法定代表人或主要负责人、住址以及其他开户资料发生变更时，应于5个工作日内书面通知开户银行并提供有关证明。

银行接到存款人的变更通知后，应及时办理变更手续，并于2个工作日内向中国人民银行报告。

3．银行结算账户的撤销

有下列情形之一的，存款人应向开户银行提出撤销银行结算账户的申请。

（1）被撤并、解散、宣告破产或关闭的。

（2）注销、被吊销营业执照的。

（3）因迁址需要变更开户银行的。

（4）其他原因需要撤销银行结算账户的。

存款人撤销银行结算账户，必须与开户银行核对银行结算账户存款余额，交回各种重要空白票据及结算凭证和开户登记证，并填写"撤销银行结算账户申请书"，银行核对无误后方可办理销户手续。存款人未按规定交回各种重要空白票据及结算凭证的，应出具有关证明，造成损失的，由其自行承担。

办理撤销银行账户业务一般应携带以下资料。

① 法人身份证原件。

② 法定代表人授权委托书。

③ 被授权的代理人身份证及加盖公章的复印件。

④ 单位公章、财务印鉴和财务主管人名章。

⑤ 办理开户时银行回单及预留印鉴卡。

⑥ 支票、付款申请书等空白凭证。

> **┃注意┃**
>
> （1）营业执照正本原件、税务登记证正本原件、组织机构代码证原件、开户许可证原件、机构信用代码证原件等一般不需要携带。
>
> （2）银行销户业务完成后，出纳应登记账户销户信息备查。
>
> （3）出纳办理销户业务完成后，应将办理销户业务取得的回单存放至文件柜中统一保管。
>
> （4）存款人尚未清偿开户银行债务的，不得申请撤销银行结算账户。

三、银行结算账户的管理

1. 银行结算账户的实名制管理

（1）存款人应以实名开立银行结算账户，并对其出具的开户（变更、撤销）申请资料实质内容的真实性负责，法律、行政法规另有规定的除外。

（2）存款人应按照账户管理规定使用银行结算账户办理结算业务，不得出租、出借银行结算账户，不得利用银行结算账户套取银行信用或进行洗钱活动。

2. 存款人预留银行印鉴的管理

（1）单位遗失预留公章或财务专用章的，应向开户银行出具书面申请、开户许可证、营业执照等相关证明文件；更换预留公章或财务专用章时，应向开户银行出具书面申请、原预留公章或财务专用章等相关证明文件。

（2）个人遗失或更换预留个人印章或更换签字人时，应向开户银行出具经签名确认的书面申请，以及原预留印章或签字人的个人身份证件。

> **你问我答：**
>
> 丁冬的朋友准备借用丁冬公司的银行账户转存一笔资金，试问这种行为符合银行结算账户的管理规定吗？

任务实施

任务内容：出纳员丁冬该如何在中国银行开立一般存款账户？

任务分析：丁冬需要填制开户申请书，并提供相应的证明文件，送交盖有存款人印章的印鉴卡片，经银行审核同意后即可开立一般存款账户用于结算。

任务二　银行卡业务

任务引入

齐天隆公司于 2015 年 3 月 2 日向银行申领信用卡，并交存 50 000 元。出纳员丁冬该如何处理此项业务呢？

相关知识

一、银行卡的概念和分类

1. 银行卡的概念

银行卡是指经批准由商业银行（含邮政金融机构）向社会发行的具有消费信用、转账结算、存取现金等全部或部分功能的信用支付工具。

2. 银行卡的分类

（1）按是否具有透支功能，银行卡可分为信用卡和借记卡。信用卡和借记卡又有不同的分类，具体分类如表 3-3 所示。

（2）按照币种不同，银行卡可分为人民币卡和外币卡。

表 3-3　　　　　　　　　　　　　　　银行卡分类表

信用卡 （可以透支）	贷记卡是指发卡银行给予持卡人一定的信用额度，持卡人可在信用额度内先消费、后还款的信用卡
	准贷记卡是指持卡人须先按发卡银行要求交存一定金额的备用金，当备用金账户余额不足以支付时，可在发卡银行规定的信用额度内透支的信用卡
借记卡 （不能透支）	转账卡是实时扣账的借记卡，具有转账结算、存取现金和消费的功能
	专用卡是具有专门用途、在特定区域使用的借记卡，具有转账结算、存取现金的功能
	储值卡是发卡银行根据持卡人要求将其资金转至卡内储存，交易时直接从卡内扣款的预付钱包式借记卡

（3）按发行对象不同，银行卡可分为单位卡（商务卡）和个人卡。

（4）按信息载体不同，银行卡可分为磁条卡和芯片卡。磁条卡使用方便，造价便宜，用途极为广泛。芯片卡，又称 IC 卡，是指以芯片作为交易介质的银行卡。芯片卡不仅支持借贷记、电子现金、电子钱包、脱机支付、快速支付等多项金融应用，还可以应用于金融、交通、通信、商业、教育、医疗、社保和旅游娱乐等多个行业领域。芯片卡具有安全性和多应用性的特点，不但可以实现银行卡的全部金融功能，还可以同时支持多个行业的应用，如商户会员、电子票务、电子礼券等。不同行业的应用在卡片中独立存在，互不干扰，并可以根据需要随时增减行业应用种类及数量，真正实现一卡多能。

二、银行卡账户和交易

1. 银行卡申领、注销和丧失

（1）银行卡及其账户只限经发卡银行批准的持卡人本人使用，不得出租和转借。

（2）单位人民币卡账户。

① 单位人民币卡账户的资金一律从其基本存款账户转账存入，不得存取现金，不得将销货收入存入单位卡账户。

② 单位外币卡账户的资金应从其单位的外汇账户转账存入，不得在境内存取外币现钞。

③ 严禁将单位的款项转入个人卡账户存储。

（3）银行卡销户。

① 持卡人在还清全部交易款项、透支本息和有关费用后，可申请办理销户。

② 销户时，单位人民币卡账户的资金应当转入其基本存款账户，单位外币卡账户的资金应当转回其相应的外汇账户，不得提取现金。

2. 银行卡交易的基本规定

（1）单位人民币卡可办理商品交易和劳务供应款项的结算，不得透支、不得提现。

（2）发卡银行应当对持卡人在自动柜员机取款进行设定：每卡每日累计提款不得超过 2 000 元人民币。

（3）同一持卡人单笔透支发生额：个人卡不得超过 2 万元；单位卡不得超过 5 万元。

（4）准贷记卡的透支期限最长为 60 天。贷记卡的首月最低还款额不得低于其当月透支余额的 10%。

（5）追偿透支款项和诈骗款项的途径。

① 扣减持卡人保证金。

② 依法处理抵押物和质押物。

③ 向保证人追索透支款项。

④ 诉讼。

三、银行卡计息和收费

1. 计息

准贷记卡及借记卡（不含储值卡）账户内的存款，按照中国人民银行规定的同期同档次存款利率及计息办法计付利息。发卡银行对贷记卡账户的存款、储值卡（含 IC 卡的电子钱包）内的币值不计付利息。

（1）免息还款期待遇。免息还款期最长为 60 天。

（2）最低还款额待遇。持卡人在到期还款日前偿还所使用全部银行款项有困难的，可按照发卡银行规定的最低还款额还款。

（3）贷记卡持卡人不享受免息还款期待遇的情况如下。

① 选择最低还款额方式或超过发卡银行批准的信用额度用卡的。

② 支取现金、准贷记卡透支的。

（4）贷记卡透支按月计收复利，准贷记卡透支按月计收单利，透支利率为日利率万分之五。

2. 收费

（1）商业银行办理银行卡收单业务应当按照下列标准向商户收取结算手续费：宾馆、餐饮、娱乐、旅游等行业不得低于交易金额的 2%，其他行业不得低于交易金额的 1%。

（2）持卡人在他行自动取款机取款应向发卡行按规定标准缴纳手续费。

① 持卡人在其领卡城市内取款，每笔交易手续费不超过 2 元人民币。

② 持卡人在其领卡城市以外取款，每笔交易手续费为 2 元加取款金额的 0.1%～5%（由发卡银行确定）。

任务实施

任务内容：出纳员丁冬该如何向银行申领信用卡并向银行交存 50 000 元呢？

任务分析:（1）丁冬到银行填写"信用卡申请表"，连同转账支票和有关资料（根据银行要求，各银行要求不同）一并送存银行。转账支票格式如表 3-4 所示。

（2）填写进账单，并在第二联加盖单位财务章、法人章。填好的回单联如表 3-5 所示。

（3）银行盖章退回进账单第一联，丁冬将其传递给制证员编制记账凭证并登记银行存款日记账。制证员编制的记账凭证如表 3-6 所示。

表 3-4　　　　　　　　　　　　　　　　转账支票

中国工商银行	中国工商银行 转账支票（鲁）　No:05146140

中国工商银行
转账支票存根（鲁）

支票号码：05146140
科目＿＿＿＿＿＿
对方科目＿＿＿＿＿
出票日期 2015年3月2日
收款人：本单位
金　额：50000.00
用　途：申请信用卡

单位主管　　会计

中国工商银行 转账支票（鲁）　No:05146140

出票日期（大写）　贰零壹伍年 叁月零贰 日　　付款行名称：工商银行西山支行
收款人：齐天隆公司　　　　　　　　　　　出票人账号：206666666

本支票付款期限十天

人民币（大写）　伍万元整

千	百	十	万	千	百	十	元	角	分
		¥	5	0	0	0	0	0	0

用途　申请信用卡
上列款项请从
我账户内支付
出票人签章

科目（借）
对方科目（贷）
记账日期　年　月　日
出纳　复核　记账

票清号单处

表 3-5　　　　　　　　　　　　　　　　进账单

中国工商银行　进账单 1　鲁中1007（三联）

2015年 3月 2日

出票人	全称	齐天隆公司	收款人	全称	齐天隆公司
	账号	206666666		账号	206666666
	开户银行	工商银行西山支行		开户银行	工商银行西山支行

金额	人民币：伍万元整（大写）	亿	千	百	十	万	千	百	十	元	角	分
					¥	5	0	0	0	0	0	0

票据种类	转账支票	票据张数	1
票据号码			

复核：　　　记账：

淄博中苑金融安全印刷有限公司印制

此联是银行交给持票人的回单

表 3-6　　　　　　　　　　　　　　　　记账凭证

记　账　凭　证

2015年 3月 2日　　　　　　　　第　1　号

摘　　要	会计科目	明 细 科 目	√	借方金额	√	贷方金额	附单据
				千 百 十 万 千 百 十 元 角 分		千 百 十 万 千 百 十 元 角 分	
开立信用卡	其他货币资金	信用卡存款		5 0 0 0 0 0 0			1 张
	银行存款					5 0 0 0 0 0 0	
合　　　　计				¥ 5 0 0 0 0 0 0		¥ 5 0 0 0 0 0 0	

财务主管：　　　记账：　　　出纳：丁冬　　　审核：　　　制单：梁军

任务三 网银业务

项目引入

2015年3月8日，采购部小王到山西长治采购材料，供货商为晋东南家具股份有限公司，价税合计金额为58 500元，财务主管海波要求通过网银支付，出纳员丁冬通过网银办理此业务。

（1）请说明采购方出纳员丁冬该如何进行业务处理。

（2）请说明销售方出纳员在接到收款通知后该如何处理。

相关知识

一、网银业务概述

1. 网银的概念

网上银行又称网络银行、在线银行，是指银行利用 Internet 技术，通过 Internet 向客户提供开户、查询、对账、行内转账、跨行转账、信贷、网上证券、投资理财等传统服务项目，使客户足不出户就能够安全、便捷地管理活期和定期存款、支票、信用卡及个人投资等。可以说，网上银行是在 Internet 上的虚拟银行柜台。

网上银行又被称为"3A银行"，因为它不受时间、空间限制，能够在任何时间（anytime）、任何地点（anywhere）、以任何方式（anyway）为客户提供金融服务。网上银行是企业办理资金结算的重要工具，使用户可以足不出户就实时、动态地掌握账务信息及资金任务调度。在网络时代，企业网银这个渠道，正快速发展成为企业的一种强大的理财工具。因此，熟练掌握和运用企业网银是财务人员必须具备的技能之一。

2. 网银的分类

网上银行发展的模式有以下两种。

（1）完全依赖于互联网的无形的电子银行，也叫"虚拟银行"。所谓虚拟银行，就是指没有实际的物理柜台作为支持的网上银行，这种网上银行一般只有一个办公地址，没有分支机构，也没有营业网点，采用国际互联网等高科技服务手段与客户建立密切的联系，提供全方位的金融服务。例如，美国"安全第一网上银行"成立于1995年10月，是在美国成立的第一家无营业网点的虚拟网上银行。它的营业厅就是网页画面。当时，银行的员工只有19人，主要的工作就是对网络的维护和管理。

（2）在现有的传统银行的基础上，利用互联网开展传统的银行业务交易服务。传统银行利用互联网作为新的服务手段为客户提供在线服务，实际上是传统银行服务在互联网上的延伸，这是目前网上银行存在的主要形式，也是绝大多数商业银行采取的网上银行发展模式。我国现在的网上银行很多都属于这种模式。"支付宝"是我国真正意义上的网上银行。

3．网银的功能

各个银行提供的网银功能不尽相同，但是大多数网银都至少具有以下功能。

（1）账户信息查询。账户信息查询包括余额查询和账户交易明细查询。通过网银企业可以查询网上银行所有账户的即时余额，可以随时查看总(母)公司及分（子）公司的各类账户的余额及明细，实时掌握和监控企业内部资金情况。除查询余额外，企业也可以查询近几年的历史交易明细。

（2）收付款回单打印。企业在一定时间范围内通过网上银行所提交的交易信息，可以根据自身的需要针对某一笔交易进行详细信息的打印。

（3）转账汇款。当收付款双方的账户属于同一银行时（如同属于中国建设银行），可以使用网银转账汇款。当收款方和付款方账户分属于不同的银行（如收款方账户属于中国建设银行，付款方账户属于中国银行）时，也可以通过网银结算。这一功能可以是同城企业之间的转账汇款，也可以是异地企业之间的转账汇款。

（4）代收代付。代收代付主要是指网上银行的代发工资功能。出纳员打开网银后，将工资表单上传，即可实现足不出户发放工资。

（5）除以上功能外，各个银行还提供其他各项服务，如证券登记公司资金清算、电子商务、外汇汇款、信贷融资、投资理财等各项业务。

除了网上银行，我们还可以通过银行电子对账系统来查询银行账户余额变动情况并打印回单。银行电子对账系统是指企业通过操作开户银行的对账系统而获得银行账户信息的系统。银行电子对账系统实现了网上对账并及时回签的电子化对账方式，它能查询在该行所有账户（活期、定期、贷款）的对账数据，以及当日、历史交易明细、账户余额等。

二、开通企业网银

企业需要开通网银时，各个银行要求企业提供的资料不尽相同，这里以中国建设银行简版网银为例进行说明。

企业要想通过网上银行办理资金结算业务应先携带企业相关资料到开户银行申请办理网上银行业务并与开户银行签订协议，银行审批通过并收取开户费用后会给申请企业办理注册手续并将 U-KEY 交付给企业相关权限人员，网上银行会备有2～3 个 U-KEY 并由不同的权限人员保管。U-KEY 操作权限一般由出纳拥有，主要负责账户信息查询及相关交易录入；复核及管理权限一般由财务经理或会计主管人员拥有。

中国建设银行申请开通企业网银的步骤如下。

1．到银行网点申请

（1）企业申请。企业相关人员持营业执照（组织机构代码证）原件、单位介绍信、经办人身份证件到账户开户网点签订"简版（或其他版本）网上银行客户服务协议"、填写"企业客户服务申请表"。

（2）银行审核。银行柜员审核客户提交信息的真实性，包括核对银行预留印鉴及确认无误后办理签约手续。

2．下载并安装网银安全组件

（1）登录建行互联网站→公司机构客户页面，在企业网上银行登录区单击"下载中心"按钮。

（2）在"下载中心"页面选择"企业客户E路护航网银安全组件"，单击"下载"按钮，将安全组件下载至计算机。

（3）双击下载至本地计算机的安全组件图标，进入安装界面。

（4）安装界面提示客户安全组件安装成功，单击"完成"按钮后即可使用安全组件的相关功能。

安装完成后，桌面上出现"中国建设银行E路护航®网银安全检测工具"的快捷图标。

> **注意**
>
> 下载证书前必须选定证书存储的介质和证书设置的方式。证书存储介质一般默认为本机硬盘，设置方式可选择"私钥不可导出"或"私钥可导出"。若选择了"私钥不可导出"，则以后企业证书只能在其所存放的本台PC上使用，不可以在其他PC上使用，重装系统也会导致证书的丢失。若需要备份证书，或者需要在两台以上的计算机上使用网上银行，则证书设置必须选择"私钥可导出"。

3．设置网银盾密码

首先插入网银盾，计算机屏幕弹出修改默认口令的提示，客户输入口令，并单击"确定"按钮。然后，依次按照页面操作提示逐步完成网银盾口令的设置。

网银盾密码设置完成后，客户插入网银盾，单击企业网银登录链接，输入网银盾密码，即可正常跳转到登录页面。

三、登录网银

（1）登录建行互联网站→公司机构客户页面，在企业网上银行登录区单击"企业网上银行登录"按钮，如图3-2所示。

图3-2　登录企业界面图

（2）弹出证书选择对话框，选择对应的证书（高级版为插入网银盾对应的证书，简版为客户号对应的证书），单击"确定"按钮，如图3-3所示。

图3-3 插入网银盾后界面

（3）输入网银盾密码（简版客户仅选择证书即可，无需输入网银盾密码），单击"确定"按钮，如图3-4所示。

图3-4 输入网银盾密码图

（4）进入登录界面后，系统自动反显"客户识别号"与网银盾对应的"操作员代码"，输入登录密码，单击"登录"按钮，如图3-5所示。

图 3-5　输入登录密码

（5）进入企业网银欢迎页面，单击"进入操作页面"按钮，进入企业网银主页面。

┃ 注意 ┃

（1）客户识别号可以用来查看密码信封或开户申请表的回执联。

（2）同一单位所有操作员的客户识别号是相同的。

（3）各类操作员登录网上银行的操作步骤是相同的，但每个操作员的验证信息（网银盾口令、操作员代码、登录密码）各不相同。

（4）新开通网上银行的企业，要由主管操作员登录网上银行，进行初始化工作后，方可正常使用网上银行进行日常的账户、资金的管理。这种管理主要包括新增操作员和转账流程两个部分。

四、账户信息查询

出纳可以查询名下所有签约网上银行的账户余额及账户交易明细的客户。账户包含已签约的客户名下所有币种（人民币和外币）的活期账户。单击"账户信息查询"按钮，页面会显示可查询的账户清单，可以查询账户的余额及交易明细，如图 3-6 所示。

在账户名称前的小方框内打勾，选中要查询余额的账户。单击显示框下的"余额查询"按钮，就可进入"账户余额查询结果"页面，显示账户余额、币种、按币种分类的多账户合计余额等信息，并可进一步选择"打印当前页"、"下载当前页"或"返回"选项。

图 3-6　账户信息查询界面

　　"下载当前页"选项中提供了两种下载方式，客户可选择"TXT 下载"或"Excel 下载"，在相应方式前的小方框中打勾选定即可。

　　系统自动弹出名"文件下载"对话框，单击"保存"按钮并选择目标目录后，即可完成账户余额查询结果的下载。

　　进入"账户信息查询"菜单后，系统缺省进入的是"账户余额查询"页面，但选中任一显示的账号后，系统即可连接到"明细查询"页面。该页面提供选中账户"按时间段查询"的功能，客户只需直接根据年月日顺序输入起始及终止日期或单击旁边的日历进行日期选定即可；同时，也可选择明细查询方式"页面方式全部返回"或"文件方式全部下载"后，单击"查询"按钮即可。

五、网银收款业务

　　当企业通过网银收取款项时，可以查询电子回单，确认款项确实已经进入本单位账户。电子回单具体内容包括交易日期、付款人名称、开户银行及账号、收款人名称、开户银行及账号、业务发生金额大小写、打印次数等，并印有开户银行加盖的业务章。例如，收到的电子承兑汇票格式如图 3-7 和图 3-8 所示。

　　用网银收款一般不需要支付手续费。汇款人在支付款项时已将手续费扣除，收款人查询确认时不需要再支付手续费。

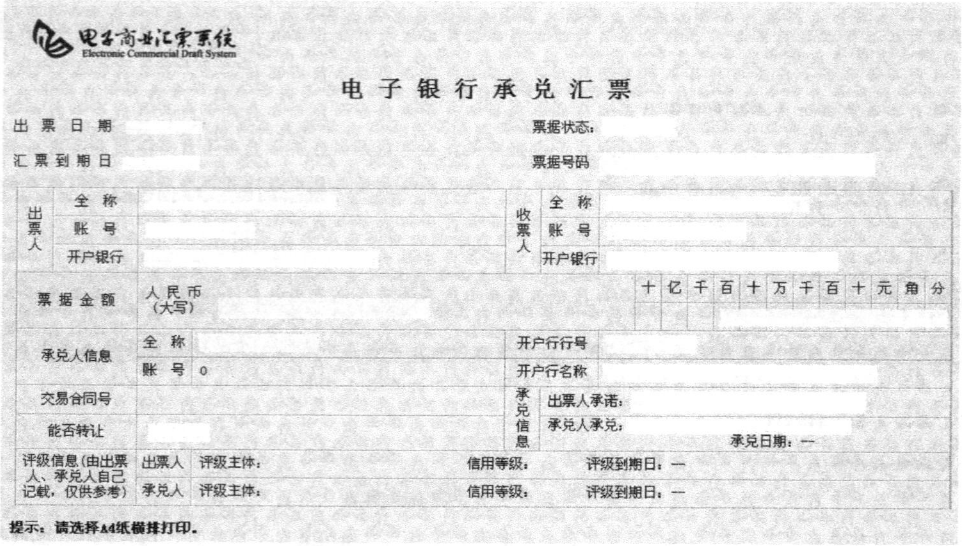
电子商业汇票系统
Electronic Commercial Draft System

电子银行承兑汇票

出票日期		票据状态：	
汇票到期日		票据号码	

出票人	全称		收票人	全称	
	账号			账号	
	开户银行			开户银行	
票据金额	人民币（大写）			十 亿 千 百 十 万 千 百 十 元 角 分	
承兑人信息	全称		开户行行号		
	账号	0	开户行名称		
交易合同号			承兑信息	出票人承诺：	
能否转让				承兑人承兑：	承兑日期：—
评级信息（由出票人、承兑人自己记载，仅供参考）	出票人	评级主体：	信用等级：	评级到期日：—	
	承兑人	评级主体：	信用等级：	评级到期日：—	

提示：请选择A4纸横排打印。

图 3-7　收到的电子承兑正面

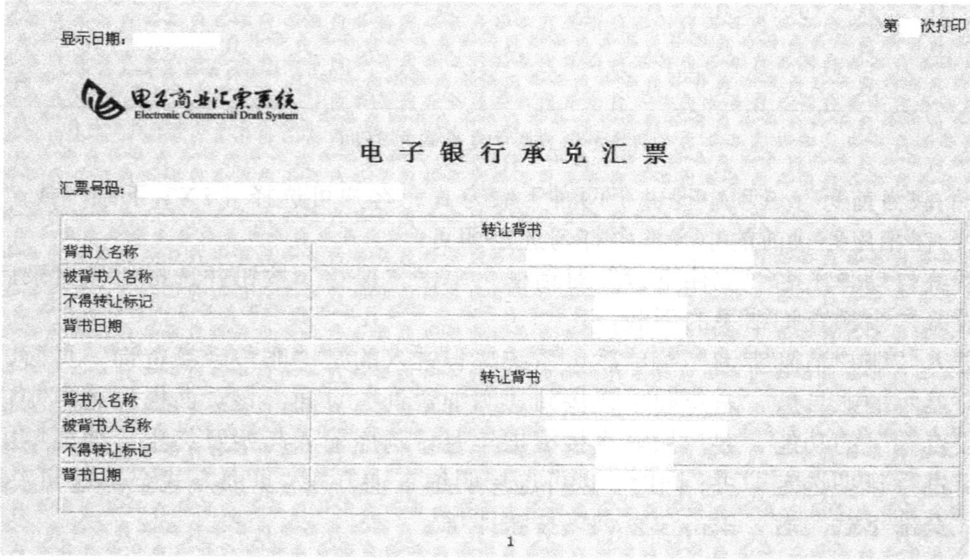
显示日期：　　　　第　次打印

电子商业汇票系统
Electronic Commercial Draft System

电子银行承兑汇票

汇票号码：

转让背书	
背书人名称	
被背书人名称	
不得转让标记	
背书日期	
转让背书	
背书人名称	
被背书人名称	
不得转让标记	
背书日期	

1

图 3-8　收到的电子承兑反面

网银收款业务的具体流程如下。

1. 收到查询通知

企业在收到客户的款项支付通知后应及时查询款项是否到账，出纳可以到银行柜台进行查询，也可以通过网上银行查询。通过网上银行，出纳在单位就可以查询账户信息，不需要再去开户银行了。

2. 查询收到款项

开户银行不同，企业网银的操作页面与具体操作也不尽相同，但大体操作步骤类似，这里以中国建设银行网银为例。

登录企业网上银行，选择"账户查询"→"电子回单查询"。输入付款账号、明细编号、交易流水号及交易日期，单击"确认"按钮，提交查询。

3. 到账回执

出纳查询到款项到账后要及时向相关人员回执结果，回执结果时要说明款项的到账时间、汇款单位和金额。

4. 领取回单

出纳确认收到款项后要及时打印银行电子回单，可以从查询到的电子回单页面直接打印，及时从银行取回付款通知。

5. 登记账簿

出纳依据打印出来的电子回单登记银行存款日记账。

6. 整理并传送单据

出纳应及时将银行纸质回单与电子回单一并传递给相应的会计人员编制记账凭证。

六、网银付款业务

网银付款业务是指通过网上银行进行款项支付的业务。网银付款业务的具体流程如下。

1. 收到并审核付款单据

付款单据是指发票及付款申请单。出纳在收到付款单据时需认真审核其真实性、合法性、完整性、正确性等各个方面。

2. 登录企业网银

将网银盾连接到电脑的 USB 接口后，进入银行网站，选择数字证书，输入网银盾口令，进入企业网银登录界面，输入客户识别号、客户代码及操作员密码，即可进入网银系统。

3. 查询账户余额

在付款之前，出纳员首先应查询账户余额，以保证有足够的款项对外支付。

4. 出纳制单

出纳查询账户余额足时，登录企业网银，选择"转账业务"→"转账制单"→"单笔付款"，依次输入以下内容，如图 3-9 所示。

（1）下拉选择付款账户（必须先由主管对该操作开通转账权限），可对付款账户进行默认账户设置。

（2）手工输入收款方账号及付款金额，或从常用收款账户或签约及授权账户中勾选收款账户。

（3）下拉选择用途或者手工录入自定义用途。

（4）确认收付款信息无误后，单击"确定"按钮进入下一操作页面。

（5）输入交易密码，单击"确定"按钮，提交下级复核员复核，完成单笔付款操作。

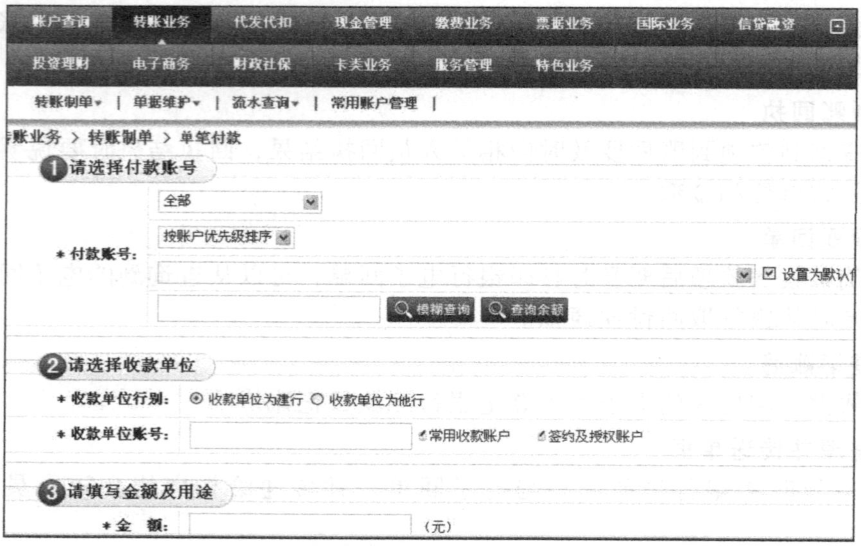

图 3-9　网银付款制单图

5．财务经理转账复核

复核操作员（一般为财务经理）需要对录入员提交的单据按笔逐条复核提交。财务经理登录后依次单击"转账业务"→"转账复核"→"单笔复核"，然后选中待复核的单据，单击"确定"按钮，核对信息无误后，输入交易密码，单击"确定"按钮，复核完成。

对于未通过复核的单据，需要由出纳修改或删除。修改方法为：登录企业网银，选择"转账业务"→"单据维护"→"单据修改"菜单，该菜单包含 "复核未通过单据"与"批量提交失败单据修改" 两个子功能。显示该单据原发起交易的制单页面，将收付款信息自动带到新页面。制单员修改收付款信息后按原制单流程发起。

单击"复核未通过单据"，勾选需要修改的单据，然后单击"确定"按钮。

6．出纳收取回单

出纳确认支付款项后要及时打印电子回单，可携带银行回单提取卡随时到银行回单柜中收取回单。

7．出纳登记日记账

出纳在打印电子回单、收取纸质回单后，依据回单登记日记账。

8．整理并传递单据

出纳需要将电子回单和纸质回单一并交给相应的会计人员，用以编制记账凭证。

任务实施

（1）任务内容：丁冬在收到采购员送来的付款单据后，该如何进行业务处理？

任务分析：丁冬可依次按照下列步骤进行业务处理。

① 审核付款单据，确认其真实有效，包括有关领导已签字同意。

② 登录企业网银。插入网银盾，依次登录网银，确认证书，输入网银盾密码，进入登录界面后，分别输入客户识别号、操作员代码和登录密码，进行登录。

③ 查询账户余额。单击"查询"卡片，在需要付款的账号前打勾，单击"余额查询"按钮，确认账户余额足够支付后返回。

④ 制单付款。选择"转账业务"→"转账制单"→"单笔付款"，下拉选择付款账号，手工输入收款方账号及付款金额 58 500 元、用途"采购"，仔细核对收付款信息无误后单击"确定"按钮，输入交易密码，完成单笔付款的操作。

⑤ 请财务经理复核单据。

⑥ 财务经理复核后，打印电子回单，到银行取回纸质回单，并通知采购员小王已经付款。

⑦ 登记银行存款日记账。

⑧ 将电子回单、纸质回单交给会计人员编制记账凭证。

（2）任务内容：销售方出纳员在接到收款通知后该如何处理？

任务分析：销售方出纳员需要进入网银查询，确认款项已收到，其具体步骤如下。

① 登录企业网银。

② 查询账户余额。选择"账户查询"→"电子回单查询"。输入付款账号、明细编号、交易流水号及交易日期，单击"确认"按钮提交查询。

③ 打印电子回单，分别交给财务经理和销售人员（或往来款负责人），通知他们该笔款项已经收到。

④ 到银行领取回单。

⑤ 登记账簿。依据打印出来的电子回单及领回的回单登记银行存款日记账。

⑥ 整理并传送单据。及时将银行纸质回单与电子回单一并传递给会计人员，用以编制记账凭证。

任务四　支票业务

任务引入

2015 年 3 月 5 日，出纳员丁冬碰到了这样几笔业务。

（1）根据日常工作资金需求，需从银行提取现金 10 000 元备用。

（2）采购部小李持增值税专用发票请求向供货商大名公司付款，该笔业务已经由会计主管海波签字并指示用转账支票付款，价税合计金额为 11 700 元。

（3）收到客户海胜公司签发的转账支票一张，金额为 100 000 元，用于支付货款。

丁冬该如何办理以上业务呢？

相关知识

一、支票的相关知识

1. 支票的概念及种类

支票是出票人签发的，委托办理支票存款业务的银行在见票时无条件支付确定的金额给收款人或者持票人的票据。单位和个人在同一票据交换区域的各种款项结算，均可以使用支票。

出票的基本当事人包括出票人、付款人和收款人。出票人即存款人，为在经中国人民银行当地分支行批准办理支票业务的银行机构开立可以使用支票的存款账户的单位和个人。付款人是出票人的开户银行。持票人是票面上填明的收款人，也可以是经背书转让的被背书人。如图 3-10 所示。

支票分为现金支票、转账支票和普通支票，如图 3-11 所示。支票上印有"现金"字样的为现金支票，现金支票只能用于支取现金。支票上印有"转账"字样的为转账支票，转账支票只能用于转账。没有"现金"或"转账"字样的为普通支票。在普通支票中，那种在支票左上角划两条平行线的支票为划线支票，划线支票只能用于转账，不得支取现金。

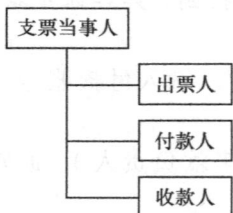

图 3-10　支票当事人　　　　　　图 3-11　支票的种类

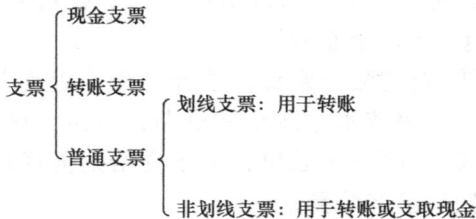

支票的提示付款期限是自出票日起 10 日内。

支票可以背书转让，但用于支取现金的支票不能背书转让。转账支票在同一票据交换区内可以背书转让，即由收款人在支票背面签章并记载背书日期，将支票款项转让给另一个收款人，即被背书人。背书未记载日期的，视为在支票到期日前背书。背书不得附有条件。支票的金额、收款人名称，可以由出票人授权补记，未补记前不得背书转让。

2．支票的内容及填制要求

（1）支票的内容。

① 表明"支票"的字样。

② 无条件支付的委托。支票的付款人为支票上记载的出票人开户银行。

③ 确定的金额。支票的出票人签发支票的金额不得超过付款时在付款人处实有的存款金额。出票人在付款人处的存款不足以支付支票金额时，则属于签发空头支票的行为，应承担法律责任。

④ 付款人名称。

⑤ 出票日期。

⑥ 出票人签章。出票人为单位的，其签章为与该单位在银行预留签章一致的财务专用章或者公章，加其法定代表人或者其授权代理人的签名或者盖章。出票人为个人的，其签章为与该个人在银行预留签章一致的签名或者盖章。

欠缺记载上列事项之一，则支票无效。票据上的金额、出票日期（或者签发日期）和收款人名称不得更改，否则无效。

（2）支票的格式及填制要求。

① 格式。转账支票的正面格式及填制方法如图 3-12 所示，背面格式如表 3-7 所示。现金支票的格式如表 3-8 和表 3-9 所示。

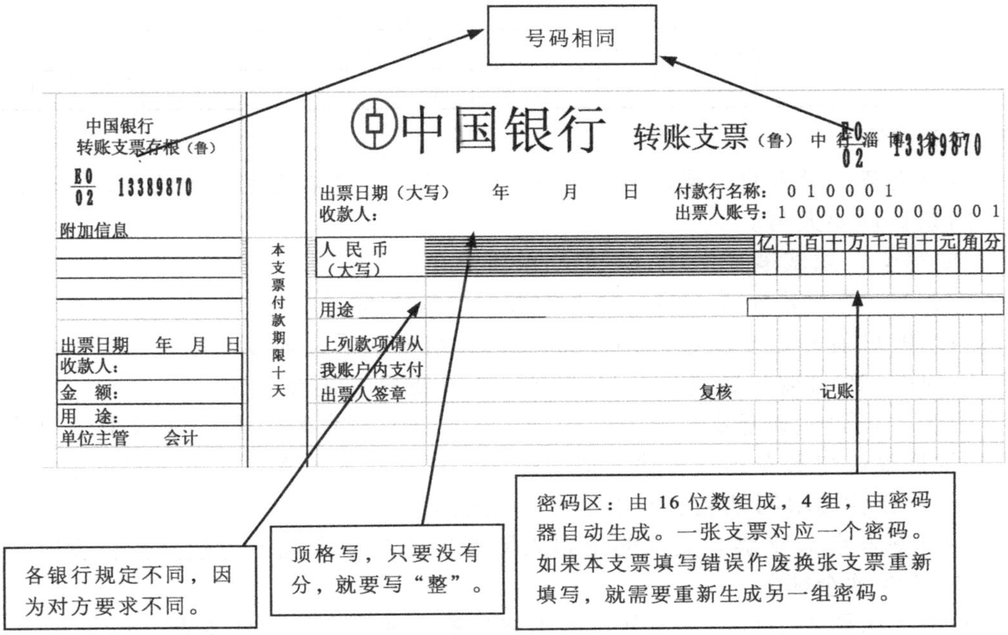

图 3-12　转账支票正面

表 3-7　**转账支票背面**

附加信息：	被背书人	
	背书人签章 年　月　日	粘贴单处

表 3-8　**现金支票正面**

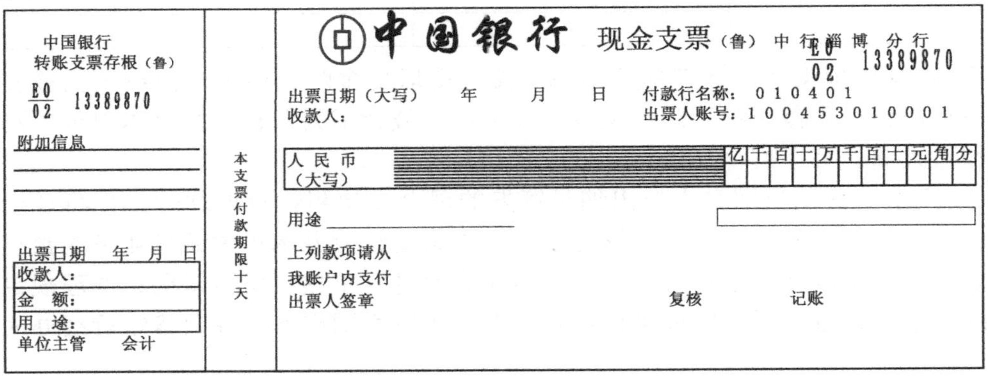
中国银行
转账支票存根（鲁）
E0 02 13389870
附加信息
出票日期　年　月　日
收款人：
金　额：
用　途：
单位主管　会计
本支票付款期限十天
中国银行　现金支票（鲁）　中 行 淄 博 分 行
E0 02 13389870
出票日期（大写）　年　月　日　付款行名称：010401
收款人：　出票人账号：1004530100001
人民币（大写）
亿 千 百 十 万 千 百 十 元 角 分
用途
上列款项请从
我账户内支付
出票人签章
复核　记账

表 3-9　　　　　　　　　　　　　　　现金支票背面

附加信息：		收款人签章 年　月　日	粘贴单处
	身份证件名称：　　　　　　　发证机关：		
	号码		

② 注意事项。

- 签发支票一般应使用碳素墨水或墨汁正楷书写，不能连笔，不能改，不能描。

- 出票日期要大写。

年：要写全，如贰零零玖年，不能写成零玖年。

月：1、2 月前面要加零，防止前面加壹。如零壹月。

日：1～9 日前一定要加零；10、20、30 日前要加零，如零壹拾日、零贰拾日、零叁拾日；10～20 日要写成壹拾几日、20～30 日要写成贰拾几日。

- 签章：正面盖骑缝章（财务专用章）、财务专用章和法人章 3 个章。现金支票背面盖收款单位财务专用章和法人章。转账支票背面不盖章。如果转账支票是开给个人的，需要在背面填写姓名、身份证号和发证机关。

- 不得签发空头支票。支票的出票人所签发的支票金额不得超过其付款时在付款人处实有的存款金额。

- 支票的出票人不得签发与其预留本名的签名或印鉴不符的支票。

二、支票业务处理程序

1. 现金支票业务处理程序

（1）用现金支票提取现金。

① 填写现金支票领用登记簿。根据《支票管理制度》，财会部门应"建立支票登记本，按照支票号码逐一进行登记"。现金支票领用登记簿如表 3-10 所示。

表 3-10　　　　　　　　　　　　　　现金支票领用登记簿

账户：　　　　　　　　　　　　　　　　　　　　　　　　　编号：

日期	支票号码	摘要	金额	领用人	审批人	备注

② 签发现金支票。开户单位用现金支票提取现金时，由单位出纳人员签发现金支票并加盖银行预留印鉴。此时现金支票背面"被背书人"栏内加盖本单位的财务专用章和法人章。

③ 取款。各单位取款人持出纳员签发的现金支票到银行取款时，先将现金支票交给银行有关人员进行审核，审核无误后将支票交给经办本单位结算业务的银行经办出纳人员，等待取款。银行经办出纳人员对支票进行审核，核对密码，办理规定的付款手续，手续齐备后呼叫领取单位名称。取款人应立即应答，并回答银行经办人员所

要取款的数量，无误后银行经办人员即照支票付款。

如果现金支票的收款人为个人，则现金支票背面不盖任何章，收款人在背面填写身份证号码和发证机关名称，凭身份证和现金支票签字取款。

【知识链接】提现时的现金清点

（1）清点现金特别是回单位清点最好由本单位两位以上财务人员共同进行。

（2）清点应逐捆、逐把、逐张进行，做到一捆一把一清。清点时不能随意混淆或丢弃每一把捆钞纸，只有将全捆所有把数清点无误后才可以将每把的捆钞纸连同每捆封签一起扔掉。

（3）在清点中发现有残缺、损伤的票币以及假钞应立即向银行要求调换。

（4）所有现金应清点无误后才能发放使用，切忌一边清点一边发放，否则一旦发生差错将无法查清。

（5）在清点过程中，特别是在单位清点过程中，如果发现确有差错，应将所取款项保持原状，通知银行经办人员，妥善进行处理。

注意

（1）出纳提取现金时，需先查询账户余额，以免签发空头支票。

（2）提现不需要存根联，在去银行前应先剪下存根联单独留存，并作为记账依据。

（3）现金支票填写错误时，应在现金支票骑缝线上加盖作废章，作废的支票要妥善保管，并在现金支票领用登记簿上进行登记。

（4）现金支票起付金额为 1 000 元。

（5）企业每日支取现金金额一般不超过 50 000 元，如果超过 50 000 元，则需申请报批。

（6）现金支票收款人为个人时，背面不需要盖章背书。

（2）用现金支票结算。开户银行用现金支票向外单位或个人支付现金时，由付款单位出纳人员签发现金支票并加盖银行预留印鉴和注明收款人后交收款人，收款人持现金支票到银行提取现金，并按照银行的要求交验有关证件。

2. 转账支票结算业务处理程序

（1）由出票人（或背书人）交收款人（或被背书人）办理结算，其结算程序如下。

① 出票人按应支付的款项签发转账支票并加盖银行预留印鉴后，交给收款人（或被背书人）。如果是背书人背书，在支票背面签章作背书。

② 收款人（或被背书人）审查无误后，作委托收款背书，在支票背面"背书人签章"栏签章，记载"委托收款"字样和背书日期，在"被背书人"栏记载开户银行名称，并将支票和填制的"进账单"一并交其开户银行办理转账。

你问我答：

收款人持现金支票收款时，只能到付款人开户银行提取现金吗？

【知识链接】银行进账单的格式

银行进账单一般为一式三联，需要用圆珠笔套写。第一联为开户行交给持票人的回单；第二联为收款人开户银行作贷方凭证；第三联为收款人开户银行交给收款人的收账通知。

进账单第三联格式如表3-11所示。

表 3-11　　　　　　　　　　　　　银行进账单

中国工商银行 进账单 3 鲁中1007（三联）

年　月　日

出票人	全称		收款人	全称	
	账号			账号	
	开户银行			开户银行	
金额	人民币：（大写）			亿 千 百 十 万 千 百 十 元 角 分	
票据种类		票据张数			
票据号码					

复核：　　　　　　记账：

此联收款人开户银行交给收款人的收账通知

淄博中苑金融安全印刷有限公司印制

收款单位出纳员收到付款单位交来的支票后，首先应对支票进行审查，以免收进假支票或无效支票。对支票的审查应包括如下内容：支票填写是否清晰，是否用墨汁或碳素墨水填写；支票的各项内容是否填写齐全，是否在签发单位盖章处加盖单位印鉴，大小写金额和收款人有无涂改，其他内容如有改动是否加盖了预留银行印鉴；支票收款单位是否为本单位；支票大小写金额填写是否正确，两者是否相符；支票是否在付款期内；背书转让的支票其背书是否正确，是否连续。

③ 银行受理后，在"进账单"上加盖银行印章，退回"进账单"回单联（第一联）和第三联给收款人，作为收款入账的凭据。

④ 收款人开户银行向付款人开户银行提出支票交换清算。

⑤ 付款人开户银行划转款项给收款人开户银行。

⑥ 收款人开户银行将进账单第三联（收账通知）给收款人（或被背书人）。

转账支票交收款人结算流程如图3-13所示。

（2）由签发人交签发人开户银行办理结算。其结算程序如下。

① 付款人按应支付的款项签发转账支票，加盖银行预留印鉴，并填制"进账单"后，直接交其开户银行，要求转账。

② 付款人开户银行受理后，退回"进账单"回单联（第一联），然后将款项划转收款人开户银行。

③ 银行之间传递凭证，并办理划转手续。

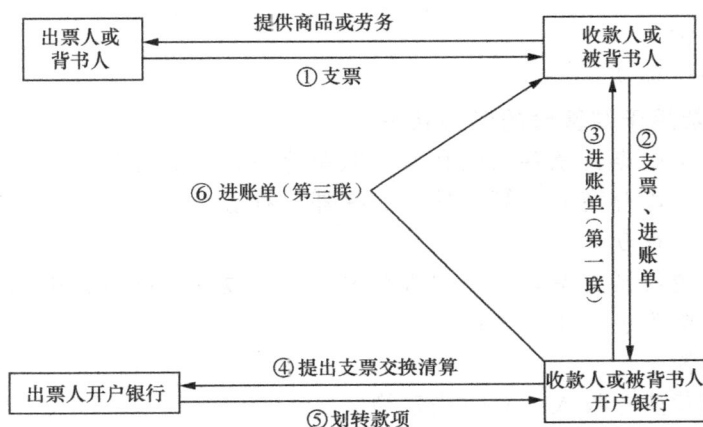

图 3-13 转账支票交收款人结算流程图

④ 收款人开户银行办妥进账手续后，通知收款人收款入账（"进账单"第三联）。转账支票交签发人开户银行结算流程如图 3-14 所示。

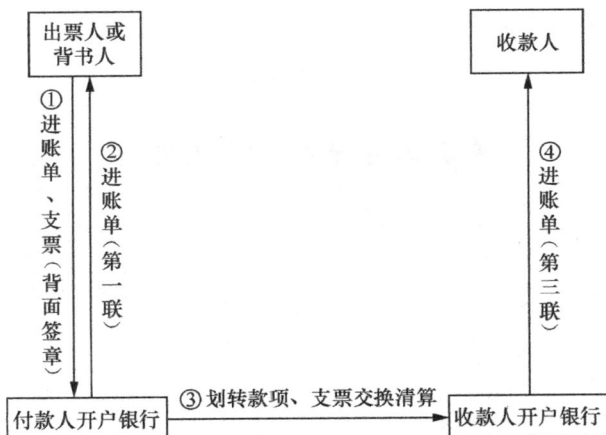

图 3-14 转账支票交签发人开户银行结算流程图

3. 转账支票与现金支票的比较

转账支票与现金支票的格式基本相同，都有正面和背面；正面的左部分为存根联，右面为正联（支票联）；票据的填写要素基本一致；付款期限都是自出票日起 10 天内。但二者又有如表 3-12 所示的 3 个方面区别。

表 3-12　　　　　　　　　现金支票与转账支票的区别

支票种类	是否可以转让	背面是否盖章	进账单
现金支票	不可以	提现盖章，开给个人不盖章	不填写
转账支票	可以	签发给收款人不盖章；背书转让盖章；收到支票盖章	填写

三、支票业务账务处理程序

1. 用现金支票提取现金的账务处理

付款单位在签发支票并到银行提出现金后，需根据支票存根联编制记账凭证。

借：库存现金

  贷：银行存款

2. 签发支票用于结算时的账务处理

（1）付款单位根据支票存根联和发票账单等进行账务处理。

借：原材料、库存商品、管理费用、在建工程等

  贷：银行存款

（2）收款单位收到支票并填制"进账单"办理收款手续后，根据"进账单"收款通知联和发票账单等进行账务处理。

借：银行存款

  贷：主营业务收入、应收账款等

任务实施

（1）任务内容：出纳员丁冬怎样才能从银行提取 10 000 元备用金？

任务分析：提取现金需要签发现金支票。

① 填制现金支票。现金支票正面如表 3-13 所示。

表 3-13   现金支票正面

② 分别在现金支票的正反面签章，如表 3-14 和表 3-15 所示。

表 3-14   已签章的现金支票正面

表 3-15　　　　　　　　　　　　　　　　现金支票背面

附加信息：	被背书人	
	背书人签章	粘贴单据处
		年　月　日

③　将支票存根交给会计作为做账依据，支票主体交银行用于提现。

借：库存现金

　　贷：银行存款

（2）任务内容：会计主管签字并指示用转账支票付款，出纳员丁冬该如何处理？

任务分析：出纳员丁冬需要按照规定签发转账支票。

①　签发转账支票并在正面签章。填好的转账支票如表 3-16 所示。

表 3-16　　　　　　　　　　　　已签章的转账支票正面

中国工商银行	中国工商银行 转账支票（鲁）	No.05146140
转账支票存根（鲁）	出票日期（大写）贰零壹伍年 叁月零伍 日　付款行名称：工商行西山支行	
支票号码：05146148	收款人：大名公司　出票人账号：206666666	
科目＿＿＿＿		
对方科目＿＿＿＿	人民币（大写）壹万壹仟柒佰元整　千 百 十 万 千 百 十 元 角 分 ￥1 1 7 0 0 0 0	
出票日期2015年3月5日		
收款人：大名公司	用途：货款　　科目（借）	
金额：11700.00	上列款项请从　对方科目（贷）	
用途：货款	我账户内支付　复核 日期　年 月 日	
	出票人签章　出纳　复核	
单位主管　会计		

②　将签好的转账支票交采购部小李。

③　登记银行存款日记账。

借：材料采购

　　应交税费——应交增值税（进项税额）

　　贷：银行存款

（3）任务内容：收到客户海胜公司签发的金额为 10 000 元的转账支票后，出纳员丁冬又该如何办理？

任务分析：出纳员丁冬收到款项应该向对方单位开具收款收据；另外，应及时将这笔款项存入银行，这就需要填制银行进账单。

①　向客户出具收款收据，如表 3-17 所示。

表 3-17 收款收据

收 款 收 据

2015年 3月5日   NO:11588462

交款单位	海胜公司	交款方式	转账支票										
人民币（大写）	壹拾万元整		亿	千	百	十	万	千	百	十	元	角	分
					¥	1	0	0	0	0	0	0	0
交款事由	货款												

单位盖章：   会计主管：海波   审核：海波   出纳：丁冬   经办：丁冬

② 在转账支票背面填写开户银行名称及日期，加"委托收款"字样，签财务专用章和法人章，持转账支票到开户银行提示付款，填写进账单办理转账。填制好的进账单第三联如表 3-18 所示。

表 3-18 进账单

中国工商银行 进账单 **3** 鲁中1007（三联）

2015年 3月 5日

出票人	全称	海胜公司	收款人	全称	齐天隆公司									
	账号	211201040		账号	206666666									
	开户银行	农行淄河区支行		开户银行	工商银行西山支行	亿	千	百	十	万	千	百	十	元	角	分
金额	人民币：壹拾万元整（大写）							¥	1	0	0	0	0	0	0	0
票据种类	转账支票 票据张数 1													
票据号码														
复核：		记账：												

淄博中苑金融安全印刷有限公司印制

③ 收到银行转来的收款通知时进行账务处理。

　借：银行存款　　　100 000
　　贷：应收账款　　　100 000

任务五　银行汇票业务

任务引入

2015 年 3 月 11 日，采购部小王到山西长治采购材料，供货商为晋东南家具股份有限公司，价税合计金额为 70 000 元，财务主管海波要求银行汇票支付，出纳员丁冬到银行办理此业务。采购方齐天隆公司与供货方晋东南家具股份有限公司的基本情况如图 3-15 与图 3-16 所示。

齐天隆公司基本情况
单位全称：齐天隆公司（增值税一般纳税人）
开户银行：工商银行西山支行　　　银行账号：206666666
纳税人识别号：370305666666666
法人代表：张震平　　　会计主管：海波　　　出纳：丁冬
地址：淄博市临淄区　　　电话：0533-7588888

图 3-15

晋东南家具股份有限公司基本情况
单位全称：晋东南家具股份有限公司（增值税一般纳税人）
开户银行：工商银行长治支行　　　银行账号：324444444
纳税人识别号：142202455555555
法人代表：马路兰　　　会计主管：宁静　　　出纳：明天
地址：长治市河海路 37 号　　　电话：0354-4555555

图 3-16

（1）请说明采购方出纳员丁冬该如何进行业务处理。
（2）请说明销售方出纳员明天在收到银行汇票时如何处理。

相关知识

一、银行汇票的相关知识

1. 银行汇票的概念

银行汇票是汇款人将款项交存当地出票银行，由出票银行签发的，由其在见票时，按照实际结算金额无条件支付给收款人或持票人的票据。银行汇票可以用于转账，填明"现金"字样的银行汇票也可以用于支取现金。银行汇票适用于异地单位、个体经济户、个人之间需要支付的各种款项。

银行汇票结算方式是指利用银行汇票办理转账结算的方式。

银行汇票结算方式具有如下特点。

（1）适用范围广。银行汇票是目前异地结算中较为广泛采用的一种结算方式。这种结算方式不仅适用于在银行开户的单位、个体经济户和个人，而且适用于未在银行开立账户的个体经济户和个人。凡是各单位、个体经济户和个人需要在异地进行商品交易、劳务供应和其他经济活动及债权债务的结算，都可以使用银行汇票。并且银行汇票既可以用于转账结算，也可以支取现金。

（2）票随人走，钱货两清。实行银行汇票结算，购货单位交款，银行开票，票随人走；购货单位购货给票，销售单位验票发货，一手交票，一手交钱；银行见票付款，这样可以减少结算环节，缩短结算资金在途时间，方便购销活动。

（3）信用度高，安全可靠。银行汇票是银行在收到汇款人款项后签发的支付凭证，因而具有较高的信誉，银行保证支付，收款人持有票据，可以安全及时地到银行支取款项。而且，银行内部有一套严密的处理程序和防范措施，只要汇款人和银行认真按照汇票结算的规定办理，汇款就能保证安全。一旦汇票丢失，如果确属现金汇票，汇款人可以向银行办理挂失，填明收款单位和个人，银行可以协助防止款项被他人冒领。

（4）使用灵活，适应性强。实行银行汇票结算，持票人可以将汇票背书转让给销货单位，也可以通过银行办理分次支取或转让，另外还可以使用信汇、电汇或重新办理汇票转汇款项，因而有利于购货单位在市场上灵活地采购物资。

（5）结算准确，余款自动退回。一般来讲，购货单位很难准确确定具体购货金额，因而出现汇多用少的情况是不可避免的。在有些情况下，多余款项往往长时间得不到清算从而给购货单位带来不便和损失。而使用银行汇票结算则不会出现这种情况，单位持银行汇票购货，凡在汇票的汇款金额之内的，可根据实际采购金额办理支付，多余款项将由银行自动退回。这样可以有效地防止交易尾欠的发生。

2．银行汇票的基本结算规定

（1）单位和个人的各种转账结算，均可使用银行汇票。银行汇票可以用于转账，填明"现金"字样的银行汇票也可以用于支取现金。

（2）银行汇票的出票和付款，全国范围限于中国人民银行和各商业银行参加"全国联行往来"的银行机构办理。跨系统银行签发的转账银行汇票的支付，应通过同城票据交换将银行汇票和解讫通知提交给同城有关银行支付后抵用。

（3）银行汇票的代理付款人是代理本系统出票银行或跨系统签约银行审核支付款汇票款项的银行。代理付款人不得受理未在本行开立存款户的持票人为单位直接提交的汇票。

（4）银行汇票的提示付款期限为自出票日起一个月内。持票人超过付款期限提示付款的，代理付款人不予受理。

（5）银行汇票的实际结算金额不得更改，更改实际结算金额的银行汇票无效。

（6）收款人可以将银行汇票背书转让给被背书人，但填明"现金"字样的银行汇票不得转让。未填写实际结算金额或实际结算金额超过出票金额的银行汇票也不得背书转让。

（7）银行汇票丧失，失票人可以凭人民法院出具的其享有票据权利的证明，向出票银行请求付款或退款。

（8）银行汇票为记名式，收款人可将银行汇票背书转让给被背书人。

（9）填明"现金"字样和代理付款人的银行汇票丧失，可以由持票人通知付款人或代理付款人挂失止付。

（10）银行汇票退款。申请人因银行汇票超过付款提示期限或其他原因要求退款时，应将银行汇票和解讫通知同时提交到出票银行。申请人为单位的，应出具该单位的证明；申请人为个人的，应出具该本人的身份证件。申请人缺少解讫通知要求退款的，出票银行应于银行汇票提示付款期满1个月后办理。

二、银行汇票业务处理程序

使用银行汇票涉及以下步骤。

（1）付款人申请签发汇票。首先申请人（即付款方）填写"银行汇票申请书"交出票银行，需要依次填明申请日期、申请人名称、申请人账号、用途、收款人名称、收款人账号、汇票金额等事项，并在第二联上加盖预留银行的签章。但是，如果申请人交现金办汇票的，银行记账凭证联（第二联）撤销，也就是说不要求加盖预留银行的签章，也可能根本就是没有所谓的预留签章。

申请人和收款人均为个人，需要使用银行汇票向代理付款人支取现金的，申请人须在"银行汇票申请书"上填明代理付款人的名称，在"出票金额"栏填写"现金"字样和汇票金额。申请人或者收款人为单位的，不得在"银行汇票申请书"上填明"现金"字样。

空白银行汇票申请书如表 3-19 所示。

表 3-19　　　　　　　　　　银行汇票申请书

<table>
<tr><td colspan="5">银行汇票申请书　（存　根）　①</td><td>No.：000123</td></tr>
<tr><td colspan="6">申请日期　年　月　日</td></tr>
<tr><td>申请人</td><td></td><td>收款人</td><td colspan="3"></td></tr>
<tr><td>账　号
或住址</td><td></td><td>账　号
或住址</td><td colspan="3"></td></tr>
<tr><td>用　途</td><td></td><td>代理
付款行</td><td colspan="3"></td></tr>
<tr><td>汇款金额</td><td>人民币
（大写）</td><td colspan="4">万 千 百 十 万 千 百 十 元 角 分</td></tr>
<tr><td>备注：</td><td colspan="5">科目_____
对方科目_____
财务主管　　复核　　　经办</td></tr>
</table>

此联申请人留存

【知识链接】银行汇票申请书各联用途

"银行汇票申请书"一式三联。第一联为存根联，由汇款单位办妥银行汇票后据以编制记账凭证；第二联为借方凭证，是出票银行办理银行汇票从汇款单位的存款账户中付出款项的凭证；第三联为贷方凭证，是出票银行办理银行汇票汇出汇款的凭证。填写好后，应当在申请书第二联"申请人盖章"处加盖汇款单位预留银行印鉴，即可交给银行申请办理，并将款项交存银行（汇款单位到本单位开户银行申请办理银行汇票时，其汇票款由银行凭"银行汇票申请书"从汇款人存款账户中收取）。银行受理"银行汇票申请书"，在收妥款项后，据以签发银行汇票。

（2）银行出票。银行签发银行汇票并交付申请人出纳员，出纳员将汇票交给请

领人并登记"银行汇票登记簿"。银行汇票登记簿格式如表 3-20 所示。出票银行受理银行汇票申请书，收妥款项后签发银行汇票，并用压数机压印出票金额，将银行汇票和解讫通知（二、三两联）一并交给申请人。银行汇票样式如表 3-21 和表 3-22 所示。

签发银行汇票必须记载下列事项：表明"银行汇票"的字样、无条件支付的承诺、出票金额、付款人名称、收款人名称、出票日期、出票人签章。欠缺记载以上事项之一的，银行汇票无效。

表 3-20　　　　　　　　　××公司银行、商业承兑汇票登记簿

编号：××××××

日期			摘要	汇票种类	汇票号码	承兑申请人	收款人	签发日期	到期日	贴现日期	金额	转让单位	转让金额	结存金额	备注
年	月	日													

表 3-21　　　　　　　　　　银行汇票第二联

中国工商银行				
出票期 壹个月	**银 行 汇 票 2**		汇票号码	此联代理付款行付款后作联行往账借方凭证附件
			第5231号	
出票日期（大写）	贰零壹伍年零叁月壹拾壹日			
		代理付款行：工商银行长治支行　行号：10231		
收款人：晋东南家具股份有限公司			账号：324444444	
出票金额 人民币（大写）	柒万元整			
实际结算金额 人民币（大写）		千百十万千百十元角分		
申请人：齐天隆公司	账号或住址：	206666666		
出票行：工商银行西山支行	行号：39089			
备注：　贷款	密押：		科目（借）	
凭票付款	多余金额		对方科目（贷）	
出票行签章	千百十万千百十元角分		兑付日期　年 月 日	
			复核　　记账	

表 3-22　　　　　　　　　　　　银行汇票第三联

	中国工商银行														
出票期 壹个月	银行汇票（解讫通知）　3		汇票号码												此联代理付款行付款后作联行往账借方凭证附件
出票日期 （大写）	贰零壹伍年零叁月壹拾壹日		第5231号												
			代理付款行：工商银行长治支行　行号：10231												
收款人：晋东南家具股份有限公司					账号：324444444										
出票金额	人民币 （大写）	柒万元整													
实际结算金额	人民币 （大写）						千	百	十	万	千	百	十	元	角	分
申请人：	齐天隆公司	账号或住址：			206666666										
出票行：工商银行西山支行		行号：	39089												
备注：	货款		密押：					科目（借）							
凭票付款			多余金额					对方科目（贷）							
出票行签章			千 百 十 万 千 百 十 元 角 分					兑付日期　　年 月 日							
								复核　　记账							

▌【知识链接】银行汇票各联的用途 ▌

　　银行汇票一般为一式四联。第一联为卡片，由签发行结清汇票时作汇出汇款付出传票；第二联为银行汇票，与第三联解讫通知一并由汇款人自带，在兑付行兑付汇票后此联作银行往来账付出传票；第三联为解讫通知，在兑付行兑付后随报单寄签发行，由签发行作余款收入传票；第四联为多余款通知，在签发行结清多余款后交申请人。

（3）申请人持银行汇票到异地办理结算，收款人受理收到的银行汇票。

① 申请人将银行汇票和解讫通知一并交付给汇票上记明的收款人。

② 收款人审核银行汇票。

收款人在收到银行汇票时，需要认真审核以下内容。

- 银行汇票和解讫通知是否齐全、汇票号码和记载的内容是否一致。
- 收款人是否确为本单位或本人。
- 银行汇票是否在提示付款期限内。
- 必须记载的事项是否齐全。
- 出票人签章是否符合规定，是否有压数机压印的出票金额。
- 出票金额、出票日期、收款人名称是否更改，更改的其他记载事项是否由原记载人签章证明。

③ 收款人受理银行汇票，填写结算金额及银行汇票背面信息。收款单位出纳员需要在出票金额以内根据实际需要的款项办理结算，并将实际结算金额和多余金额准确地填入银行汇票和解讫通知。全额解付的银行汇票，应在"多余金额"栏写上

"0"字。并由印鉴管理人员在银行汇票第二联的背面"持票人向银行提示付款签章"处加盖预留银行印鉴。实际结算金额和多余金额如果填错，应用红线划去全数，在上方重填正确数字并加盖本单位印鉴，但只限更改一次。

④ 持票人填写进账单提示付款。银行汇票的提示付款期限是自出票日起 1 个月内。收款人可以将银行汇票背书转让给被背书人。持票人超过提示付款期限提示付款的，代理付款人不予受理。持票人向银行提示付款时，必须同时提交银行汇票和解讫通知，缺少任何一联，银行不予受理。通过委托收款银行或者通过票据交换系统向付款人提示付款的，视同持票人提示付款，其提示付款日期以持票人向开户银行提交票据日为准。在银行开立存款账户的持票人向开户银行提示付款时，应在银行汇票背面"持票人向银行提示付款签章"处签章，该签章须与预留银行签章相同，并将银行汇票和解讫通知、进账单送交开户银行。未在银行开立存款账户的个人持票人，可以向任何一家银行机构提示付款。提示付款时，应在汇票背面"持票人向银行提示付款签章"处签章，并填明本人身份证件名称、号码及发证机关，由其本人向银行提交身份证件及其复印件。

> **【知识链接】**
>
> 银行收到持票人提交的银行汇票时在以下情况下拒付。
>
> ◆ 伪造、变造（凭证、印章、压数机）的银行汇票。
> ◆ 非总行统一印制的全国通用的银行汇票。
> ◆ 超过付款期的银行汇票。
> ◆ 缺汇票联或解讫通知联的银行汇票。
> ◆ 背书不完整、不连续的银行汇票。
> ◆ 涂改、更改签发日期、收款人、汇款大写金额的银行汇票。

> **【知识链接】什么是提示付款**
>
> 所谓提示付款，是指各种票据的持票人向票据主义务人或关系人出示票据请求对方支付票款。
>
> 提示票据既是行使票据权利的方式，也是保全票据权利的方式。票据是完全有价证券，票据权利人在行使票据权利时，必须向票据债务人出示票据，否则不发生票据权利行使的效果。当票据权利人在法定的时间内为票据提示而遭到拒绝时，即可以行使对其前手的追索权。如果票据权利人在法定的时间内未向票据债务人提示票据，就会丧失对其前手的追索权。
>
> 提示票据的主要作用有 3 个：①使债务人知道票据债权人为何人；②便于债务人收回票据或在票据上作记载；③通过意思通知催告票据债务人为给付。

（4）代理付款银行与出票银行清算票款。

（5）出票银行向付款单位退回余额，将银行汇票的第四联"多余款通知联"交给汇款人（申请人）。

遗失的银行汇票在其付款期满 1 个月后（加上提示付款期 1 个月，共 2 个月），确认未被冒领，可以办理退款手续。

银行汇票流转程序如图 3-17 所示。

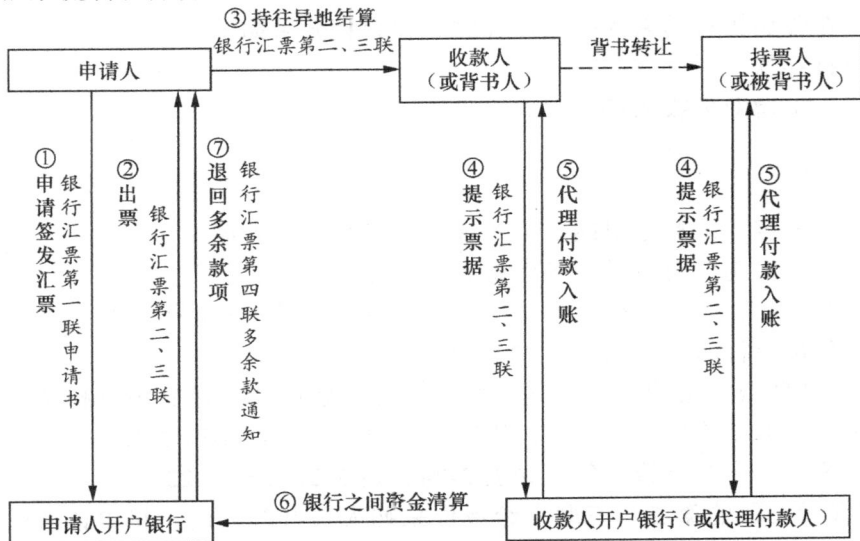

图 3-17　银行汇票流程图

三、银行汇票业务账务处理程序

1. 付款人账务处理程序

（1）汇款单位财务部门收到签发银行签发的"银行汇票联"和"解讫通知联"后根据银行盖章退回的"银行汇票申请书"第一联存根联编制银行存款付款凭证，并登记银行存款日记账和其他货币资金明细账。

借：其他货币资金——银行汇票

　　贷：银行存款

如果汇款单位用现金办理银行汇票，则财务部门在收到银行签发的银行汇票后根据"银行汇票申请书"第一联存根联编制现金付款凭证，其会计分录如下。

借：其他货币资金——银行汇票

　　贷：库存现金

对于银行按规定收取的手续费和邮电费，汇款单位应根据银行所出具的收费收据，用现金支付款项的编制现金付款凭证，从其账户中扣收款项的编制银行存款付款凭证。其会计分录如下。

借：财务费用

　　贷：库存现金（或银行存款）

（2）取得发票并将银行汇票交给收款人时，其会计分录如下。

借：材料采购等

　　贷：其他货币资金——银行汇票

（3）收到银行汇票第四联多余款通知时，其会计分录如下。

借：银行存款

　　贷：其他货币资金——银行汇票

2. 收款人账务处理程序

收款人在收到银行转来的收账通知时，其会计分录如下。

借：银行存款
　　贷：主营业务收入等

任务实施

（1）任务内容：采购方出纳员丁冬该如何进行业务处理。

任务分析：采购方出纳员丁冬应做如下处理。

① 填写一式三联的银行汇票申请书，并由印鉴管理人员在第二联"申请人签章"处加盖预留银行印鉴，如表 3-23 所示。

② 申请办理银行汇票。将一式三联的银行汇票申请书递交银行柜员，银行柜员在办妥转账后，据以签发银行汇票。银行柜员将"银行汇票申请书"第一联及银行汇票第二联、第三联一并交给丁冬，如表 3-24、表 3-21 和表 3-22 所示。

③ 将银行汇票的第二、三联交给单位采购人员办理采购。将申请书回单联交给制证员编制记账凭证。制证员编制的记账凭证如表 3-25 所示。

④ 根据审核无误的记账凭证登记银行存款日记账和其他货币资金明细账。

（2）任务内容：销售方在收到银行汇票时如何处理。

任务分析：销售方出纳员明天在收到银行汇票时，需要进行以下操作。

① 审核收到的银行汇票。审核时除了需要审核银行汇票第二联和第三联是否相符外，还需要审核如下内容：收款人是否确定为本单位或本人；银行汇票是否在提示付款期限内；必须记载的事项是否齐全；出票人签章是否符合规定，出票金额、出票日期、收款人名称是否更改；更改的其他事项是否由原出票人签章证明；背书是否连续。

表 3-23　　　　　　　　　　　　银行汇票申请书存根联

中国银行 汇票申请书　　　　　　　　　　　鲁中1103（三联）

申请日期：2015年 03 月11 日　　　　　　　NO：HP 0 1 2 2 8 4 3

申请人	齐天隆公司	收款人	晋东南家具股份有限公司										
账号或住址	206666666	账号或住址	324444444										
用途	贷款	代理付款行	工商银行长治支行										
汇票金额	人民币 大写 柒万元整			亿	千	百	十	万	千	百	十	元	角	分
							¥7	0	0	0	0	0	0

上列款项请从我账户支付

支付密码

申请人盖章

科　　目：
对方科目：
转账日期：　　年　　月　　日
复核　　　　记账

第二联：此联出票行作借方凭证

表 3-24　　　　　　　　　　　　银行汇票申请书第三联

中国银行 汇票申请书

鲁中1103（三联）
申请日期：2015年 03 月 11 日　　　　　NO：HP **0 1 2 2 8 4 3**

申请人	齐天隆公司	收款人	晋东南家具股份有限公司
账号或住址	206666666	账号或住址	324444444
用途	货款	代理付款行	工商银行长治支行

汇票金额：人民币（大写）柒万元整

亿	千	百	十	万	千	百	十	元	角	分
				¥ 7	0	0	0	0	0	0

备注

支付密码

科　　目：
对方科目：
转账日期：　年　月　日
复核　　　记账

第一联：申请人留存

表 3-25

记 账 凭 证

2015年 3月 11 日　　　　　　　　　　第 2 号

摘　要	会计科目	明细科目	√	借方金额 千百十万千百十元角分	√	贷方金额 千百十万千百十元角分
采购材料	其他货币资金	银行汇票存款		7 0 0 0 0 0 0		
	银行存款					7 0 0 0 0 0 0
合　　　计				¥ 7 0 0 0 0 0 0		¥ 7 0 0 0 0 0 0

附单据 1 张

财务主管：　　　记账：　　　出纳：丁冬　　　审核：　　　制单：梁军

② 填写结算金额及银行汇票背面信息。审核无误后，将 70 000 元分别填入银行汇票的第二联、第三联的实际结算金额栏内，并在"多余金额"栏写上"0"字。由印鉴管理人员在银行汇票第二联的背面加盖预留银行印鉴，如表 3-26～表 3-28 所示。

③ 填制进账单办理进账。根据实际结算金额填制进账单，将填写好的一式三联进账单连同银行汇票的第二联和第三联同时交于兑付银行。填制好的进账单回单联如表 3-29 所示，第二、三联略。

表 3-26 　　　　　　　　　　银行汇票第二联

出票期 壹个月	中国工商银行 银行汇票		2		
			汇票号码 第5231号		此联代理付款行付款后作联行往账借方凭证附件
出票日期 （大写）	贰零壹伍年叁月壹拾壹日				
		代理付款行：工商银行长治支行　行号：10231			
收款人：晋东南家具股份有限公司		账号：324444444			
出票金额 人民币 （大写）	柒万元整				
实际结算金额 人民币 （大写）			千百十万千百十元角分		
申请人 齐天隆公司	账号或住址：	206666666			
出票行：工商银行西山支行	中国工商银行西山支行 行号：31303				
备注：　貸款	税号·370305164总押829 票据专用章	多余金额	科目（借） 对方科目（贷）		
凭票付款					
出票行签章		千百十万千百十元角分	兑付日期　　年 月 日 复核　　记账		

表 3-27 　　　　　　　　　　银行汇票第二联背面

被背书人　工商银行长治支行	被背书人	粘贴单处
晋东南家具股份有限公司 ★ 人签章 2015 年 3 月 11 日 财务专用章	兰 马 印 路 背书人签章 年 月 日	
	身份证件名称：　　　发证机关：	
号 码		

表 3-28　　　　　　　　　　　　　　银行汇票第三联

出票期 壹个月	中 国 工 商 银 行 银 行 汇 票（解讫通知）				3
		汇票号码 第5231号			
出票日期 （大写）	贰零壹伍年叁月壹拾壹日	代理付款行：工商银行长治支行　行号：10231			
收款人：晋东南家具股份有限公司		账号：324444444			
出票金额	人民币 （大写）	柒万元整		千百十万千百十元角分 ￥7000000 0	
实际结算金额	人民币 （大写）	柒万元整			
申请人：齐天隆公司	账号或住址：	206666666			
出票行：工商银行西山支行　37089					
备注：货款		密押：		科目（借）	
凭票付款 出票行签章	税号：370305164321829 票据专用章	多余金额		对方科目（贷）	
		千百十万千百十元角分 ￥0		兑付日期　年 月 日 复核　　记账	

此联兑付行兑付后随报单寄签发行，由签发行作多余款收入传票

表 3-29　　　　　　　　　　　　　　进账单回单联

中国工商银行 INDUSTRIAL AND COMMERCIAL BANK OF CHINA		进 账 单（回单）		1
		2015 年　3 月　11日		
出票人	全称	齐天隆公司	收款人	全称　晋东南家具股份有限公司
	账号	206666666		账号　324444444
	开户银行	工商银行西山支行		开户银行　工商银行长治支行
金额	人民币：柒万元整 （大写）		亿千百十万千百十元角分 ￥7000000 0	
票据种类	银行汇票	票据张数　1		
票据号码				

此联是收款人开户银行交持票人的回单

④ 传递凭证。收款人开户银行办妥进账手续后，通知收款人收款入账，出纳将开户银行退回的如表 3-30 所示的收账通知联传递给制证员编制记账凭证。

⑤ 制证员根据收账通知编制记账凭证，如表 3-31 所示。

表 3-30　　　　　　　　　　　　进账单收账通知联

中国工商银行 进账单 3

鲁中1007（三联）

2015年　3月 11日

出票人	全称	齐天隆公司	收款人	全称	晋东南家具股份有限公司
	账号	206666666		账号	324444444
	开户银行	工商银行西山支行		开户银行	工商银行长治支行

金额	人民币：柒万元整（大写）			亿 千 百 十 万 千 百 十 元 角 分 ¥ 7 0 0 0 0 0 0

票据种类	银行汇票票据张数	1
票据号码		

工商银行西山支行
20150311
转讫（31）

复核：　　　　　　记账：

淄博中苑金融安全印刷有限公司印制

表 3-31　　　　　　　　　　　　记账凭证

记 账 凭 证

2015年 3月 11日　　　　　　　　第 1 号

摘　要	会计科目	明 细 科 目	√	借方金额 千百十万千百十元角分	√	贷方金额 千百十万千百十元角分	
销售收款	银行存款			7 0 0 0 0 0			附单据 2 张
	主营业务收入					5 9 8 2 9 0 6	
	应交税费	应交增值税（销项税额）				1 0 1 7 0 9 4	
合　　　计				¥ 7 0 0 0 0 0		¥ 7 0 0 0 0 0 0	

财务主管　　　　　记账　　　　　出纳：明天　　　　审核：　　　　　制单：肖钧

⑥ 丁冬登记银行存款日记账（略）。

任务六　银行本票业务

任务引入

2015 年 3 月 12 日，齐天隆公司从鲁中家具公司购买一批原材料，货款 50 000 元，增值税 8 500 元，采用银行本票结算。鲁中家具公司的基本情况如图 3-18 所示。

（1）请说明齐天隆公司出纳员丁

鲁中家具公司基本情况
单位全称：鲁中家具公司（增值税一般纳税人）
开户银行：工商银行张店支行　　　银行账号：324444444
纳税人识别号：410705555555555
法人代表：尚可新　　　会计主管：李傅　　　出纳：冯全
地址：淄博市联通路 11 号　　　电话：0533-2022222

图 3-18　鲁中家具公司基本情况

冬该如何完成该任务。

（2）请说明鲁中家具公司在收到银行本票时该如何处理。

相关知识

一、银行本票的相关知识

1. 银行本票概述

（1）银行本票的概念。银行本票是银行机构签发的，承诺其在见票时无条件支付确定的金额给收款人或者持票人的票据。银行本票可以用于转账，注明"现金"字样的银行本票可以用于支取现金。单位和个人在同一票据交换区域需要支付的各种款项，均可以使用银行本票。

银行本票按照金额是否预先固定分为不定额银行本票和定额银行本票。不定额银行本票由经办银行签发和银行兑付；定额银行本票由中国人民银行发行，各银行代办签发和兑付。银行本票样式如表 3-32 所示。

表 3-32　　　　　　　　　　　　　　　银行本票

银行本票存根	付款期限　　　　　　农业银行 　　　　　　　　　　本　票　　　　地名　　　本票号码		
出本票号码： 地　名： 收款人： 金额：壹万元整 用途： 科目（借）： 对方科目（贷）： 出票日期　　年　月　日 出纳　复核　经办	×个月 　　　　　　出票日期　年　月　日 　　　　　　　　（大写） 收款人 凭票即付人民币　壹万元整 　　　　　　　　￥10 000.00 转账　　现金 　　　　　　　　　　　出票行签章		

（2）银行本票的使用范围。单位和个人在同一票据交换区域需要支付的各种款项均可以使用银行本票。

（3）银行本票的特点如下。

① 使用方便。单位、个体工商户和个人不管其是否在银行开户，在同城范围内的所有商品交易、劳务供应及其他款项的结算都可以使用银行本票。收款单位和个人持银行本票可以办理转账结算，也可以支取现金或背书转让。银行本票见票即付，结算迅速。

② 信誉度高，支付能力强。银行本票由银行签发，并于指定到期日由签发银行无条件支付，因而信誉度高，一般不存在得不到正常支付的问题。其中，定额本票由中国人民银行发行，各大商业银行代理签发，不存在票款得不到兑付的问题；不定额银行本票由各大商业银行签发，一般也不存在得不到兑付的问题。

（4）银行本票结算的基本规定如下。

① 银行本票一律记名。

② 银行本票允许背书转让。

③ 银行本票的付款期限为 2 个月。逾期的银行本票，兑付银行不予受理。

④ 银行本票见票即付，不予挂失。遗失的银行本票在付款期满后 1 个月确实未被冒领，可以办理退款手续。

⑤ 不定额本票的金额起点为 100 元，定额本票的面额分为 1 000 元、5 000 元、10 000 元和 50 000 元 4 种。

⑥ 银行本票需要支取现金的，付款人应在"银行本票申请书"上注明"现金"字样，银行受理签发本票时，在本票上划去"转账"字样并盖章，收款人凭此本票可以支取现金。申请人和收款人均为个人才能申请签发现金银行本票。申请人或收款人为单位的，不得申请签发现金银行本票。

⑦ 不允许签发远期本票。

你问我答：
银行本票与银行汇票有哪些不同？

2. 银行本票退款和丧失

申请人因银行本票超过提示付款期限或其他原因要求退款时，应将银行本票提交到出票银行，申请人为单位的，应出具该单位的证明；申请人为个人的，应出具该本人的身份证件。

银行本票丧失，失票人可以凭人民法院出具的其享有票据权利的证明，向出票银行请求付款或退款。

二、银行本票业务处理程序

银行本票业务处理程序具体如下。

（1）申请签发本票。申请人使用银行本票，应向银行填写银行本票申请书。

（2）出票。出票银行受理银行本票申请书，收妥款项签发银行本票。签发银行本票必须记载下列事项：表明"银行本票"的字样、无条件支付的承诺、确定的金额、收款人名称、出票日期和出票人签章。

出票银行必须具有支付本票金额的可靠资金来源，并保证支付。出票银行在银行本票上签章后交给申请人。

（3）交付收款人或背书转让。申请人应将银行本票交付给本票上记明的收款人。收款人可以将银行本票背书转让给被背书人。

（4）提示付款。银行本票的提示付款期限自出票日起最长不得超过 2 个月。持票人超过提示付款期限不获付款的，在票据权利时效内向出票银行作出说明，并提供本人身份证件或单位证明，可持银行本票向出票银行请求付款。

在银行开立存款账户的持票人向开户银行提示付款时，应在银行本票背面"持票人向银行提示付款签章"处签章，签章须与预留银行签章一致，并将银行本票和进账单送交开户银行。银行审查无误后办理转账。

未在银行开立存款账户的个人持票人，凭注明"现金"字样的银行本票向出票银行支取现金的，应在银行本票背面签章，写下本人身份证件名称、号码及发证机关，并交验本人身份证件及其复印件。

（5）银行本票见票即付。本票的出票人在持票人提示付款时，必须承担付款的责任。

（6）代理付款银行与出票银行之间进行资金清算。

银行本票业务处理流程如图 3-19 所示。

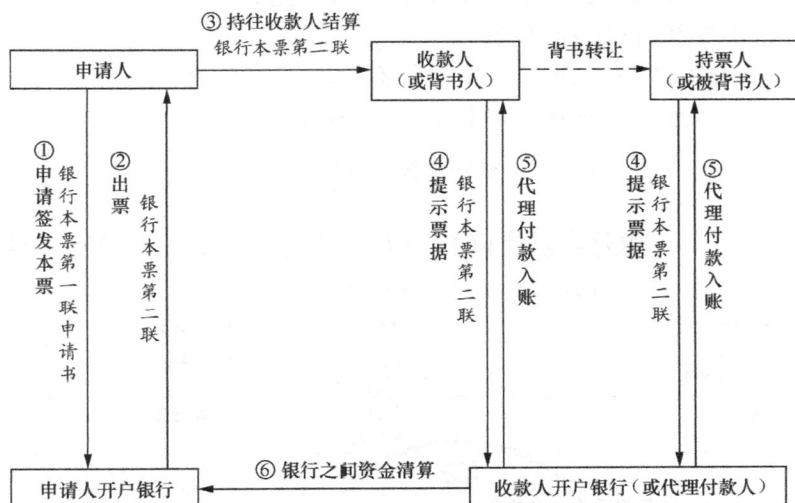

图 3-19　银行本票流程图

三、银行本票业务账务处理程序

1. 付款单位

（1）付款单位收到银行本票和银行退回的"银行本票申请书"存根联后，财务部门根据"银行本票申请书"存根联编制银行存款付款凭证，其会计分录如下。

借：其他货币资金——银行本票
　　贷：银行存款

对于银行按规定收取的办理银行本票手续费，付款单位应当编制银行存款或现金付款凭证，其会计分录如下。

借：财务费用——银行手续费
　　贷：银行存款或库存现金

（2）付款单位收到银行签发的银行本票后，即可持银行本票向其他单位购买货物，办理货款结算。付款单位可将银行本票直接交给收款单位，然后根据收款单位的发票账单等有关凭证编制转账凭证，其会计分录如下。

借：材料采购等
　　贷：其他货币资金——银行本票

2. 收款单位

收款单位应根据银行退回的进账单第一联及有关原始凭证编制银行存款收款凭证，其会计分录如下。

借：银行存款
　　贷：主营业务收入
　　　　应交税费——应交增值税（销项税额）

任务实施

（1）任务内容：齐天隆公司出纳员丁冬该如何完成该任务？

任务分析：丁冬执行任务的步骤如下。

① 正确填写银行本票申请书，并由印鉴管理人员在第一联申请人签章处加盖预留银行印鉴。银行本票申请书第一联格式如表 3-33 所示。

表 3-33　　　　　　　　　　　　银行本票申请书

银行本票申请书（存　根）　①　　No1.：000123																		
申请日期 2015 年 03 月 12 日																		
申请人	齐天隆公司		收款人	鲁中家具公司														此联申请人留存
账 号或住址	206666666		账　号或住址	324444444														
用　途	货款		代理付款行	工商银行张店支行														
汇款金额	人民币（大写）伍万捌仟伍佰元整				万	千	百	十	万	千	百	十	元	角	分	
								¥	5	8	5	0	0	0	0	
备注：			科目												
			对方科目												
			财务主管　　复核　　经办												

② 申请办理银行本票。将一式三联的银行本票申请书递交银行柜员，银行柜员在办妥转账后，据以签发银行本票。银行柜员将银行本票第二联（表 3-34）及银行本票申请书第三联（表 3-35）一并交给出纳员丁冬。

表 3-34　　　　　　　　　　　　银行本票第二联

中 国 银 行
本 票 2　　鲁 C12345690

付款期限贰个月	此联出票行结清本票时作借方凭证

出票日期（大写）　　　贰零壹伍年叁月壹拾贰日

收款人：鲁中家具公司	申请人：齐天隆公司
凭票即付　人民币（大写）伍万捌仟伍佰元整	
转账　　现金	
备注：	104453010018

表 3-35　　　　　　　　　　　　　　银行本票申请书第三联

银行本票申请书　（回单联）　③　　NO1.：000123

申请日期 2015 年 03 月 12 日

申请人	齐天隆公司	收款人	鲁中家具公司
账　号或住址	206666666	账　号或住址	324444444
用　途	货款	代理付款行	工商银行张店支行

| 汇款金额 | 人民币（大写）伍万捌仟伍佰元整 | 万 | 千 | 百 | 十 | 万 | 千 | 百 | 十 | 元 | 角 | 分 |
| | | | | | ￥ | 5 | 8 | 5 | 0 | 0 | 0 | 0 |

备注：

科目＿＿＿＿＿
对方科目＿＿＿＿＿
财务主管　　复核　　经办

此联是申请人回单

③　将银行本票的第二联交给单位采购人员办理采购，将申请书回单联交给制证员编制记账凭证。制证员编制的记账凭证如表 3-36 所示。

表 3-36　　　　　　　　　　　　　　记账凭证

记 账 凭 证

2015年03月 12 日　　　　　　　　　第 3 号

摘　　要	会计科目	明 细 科 目	√	借方金额										√	贷方金额									
				千	百	十	万	千	百	十	元	角	分		千	百	十	万	千	百	十	元	角	分
采购材料	其他货币资金	银行本票				5	8	5	0	0	0	0												
	银行存款																5	8	5	0	0	0	0
合　　　　计						￥	5	8	5	0	0	0	0			￥	5	8	5	0	0	0	0

附单据 1 张

财务主管　　　　记账　　　　出纳：丁冬　　　审核：　　　　制单：梁军

④　根据审核无误的记账凭证登记银行存款日记账和其他货币资金明细账。

⑤　3 月 15 日,采购人员采购完毕,制证员根据采购发票编制记账凭证,如表 3-37 所示。

表 3-37　　　　　　　　　　　　　　　　记账凭证

记　账　凭　证

2015年03月 15 日　　　　　　　　　　　　　　　　第 4 号

摘　　要	会计科目	明　细　科目	√	借方金额									√	贷方金额									
				千	百	十	万	千	百	十	元	角	分		千	百	十	万	千	百	十	元	角	分
采购材料	材料采购					5	0	0	0	0	0	0												
	应交税费	应交增值税（进项税额）					8	5	0	0	0	0												
	其他货币资金	银行本票														5	8	5	0	0	0	0	0	
合　　　计				¥	5	8	5	0	0	0	0	0		¥	5	8	5	0	0	0	0		

财务主管　　　　记账　　　　出纳：丁冬　　　审核：　　　　制单：梁军

（2）任务内容：鲁中家具公司在收到银行本票时该如何处理？

任务分析：鲁中家具公司执行任务的步骤如下。

① 审核收到的银行本票。审核时需要审核如下内容：收款人是否确定为本单位或本人；银行本票是否在提示付款期限内；必须记载的事项是否齐全；出票人签章是否符合规定，出票金额、出票日期、收款人名称是否更改；更改的其他事项是否由原出票人签章证明；背书是否连续。

② 填写银行本票背面信息并由印鉴管理人员在银行本票第二联的背面加盖预留银行印鉴，如表 3-38 所示。

表 3-38　　　　　　　　　　　　　　　　银行本票背面

被背书人　工商银行张店支行	被背书人	
（鲁中家具公司 财务专用章）　（新尚印可）　背书人签章　2015 年 03 月 12 日	背书人签章　　　　年　月　日	粘贴单处
持票人向银行提示付款签章：	身份证件名称：　号码	发证机关：

③ 填制进账单办理进账。将填写好的一式三联进账单连同银行汇票的第二联同时交于兑付银行。填制好的进账单回单联如表 3-39 所示，第二、三联略。

表 3-39

| 中国工商银行 | 进账单（回单） | 1 |

INDUSTRIAL AND COMMERCIAL BANK OF CHINA

2015 年　3 月　12 日

出票人	全称	齐天隆公司	收款人	全称	鲁中家具公司
	账号	206666666		账号	324444444
	开户银行	工商银行西山支行		开户银行	工商银行张店支行

| 金额 | 人民币：伍万捌仟伍佰元整 （大写） | 亿 千 百 十 万 千 百 十 元 角 分 |
| | | ¥ 5 8 5 0 0 0 0 |

| 票据种类 | 银行本票 | 票据张数 | 1 |
| 票据号码 | | | |

复核　　记账　　　　　　　　收款人开户银行签章

此联是收款人开户银行交持票人的回单

④ 将开户银行退回的进账单第一联交给制证员编制记账凭证。制证员编制的记账凭证如表 3-40 所示。

表 3-40　　　　　　　　　记账凭证

记　账　凭　证

2015年 3月 12日　　　　　　　　　　第 3 号

摘　　要	会计科目	明 细 科 目	√	借方金额	√	贷方金额	
				千 百 十 万 千 百 十 元 角 分		千 百 十 万 千 百 十 元 角 分	
销售收款	银行存款			5 8 5 0 0 0 0			附单据
	主营业务收入					5 0 0 0 0 0 0	2
	应交税费	应交增值税（销项税额）				8 5 0 0 0 0	张
合　　　　计				¥ 5 8 5 0 0 0 0		¥ 5 8 5 0 0 0 0	

财务主管　　　记账　　　出纳：冯全　　　审核：　　　　制单：蔡上姚

⑤ 登记银行存款日记账（略）。

任务七　商业汇票业务

任务引入

2015 年 3 月 16 日，齐天隆公司出纳丁冬遇到两笔银行承兑汇票业务。

（1）接到采购部小李带来的增值税专用发票发票联和抵扣联复印件、采购合同复印件。该增值税专用发票为晋东南家具股份有限公司开出。发票上注明的材料价款为50 000元，增值税税额为8 500元。购销双方约定以期限为3个月的银行承兑汇票结算，收到银行承兑汇票后发货。

（2）收到的银行承兑汇票即将到期，委托银行收款。该汇票由明珠公司申请开出，金额为500 000元。明珠公司的基本情况如图3-20所示。

请问：丁冬该如何办理这两笔业务？

> **明珠公司基本情况**
> 单位全称：明珠公司（增值税一般纳税人）
> 开户银行：工商银行南阳支行　　　银行账号：417777777
> 纳税人识别号：410705666666666
> 法人代表：李江路　　会计主管：王明　　出纳：梁梁
> 地址：南平市马力路21号　　　电话：0353-8888888

图 3-20

相关知识

一、商业汇票的相关知识

1. 商业汇票的概念

商业汇票是出票人签发的，委托付款人在指定日期无条件支付确定的金额给收款人或者持票人的票据。在银行开立存款账户的法人以及其他组织之间，必须具有真实的交易关系或债权债务关系，才能使用商业汇票。

商业汇票按是否计息，分为带息商业汇票和不带息商业汇票。带息商业汇票是指在商业汇票到期时，承兑人必须按票面金额加上应计利息向收款人或被背书人支付票款的票据。不带息商业汇票是指商业汇票到期时，承兑人只按票面金额（即面值）向收款人或被背书人支付票款的票据。商业汇票按承兑人不同，分为商业承兑汇票和银行承兑汇票。商业承兑汇票由银行以外的付款人承兑，银行承兑汇票由银行承兑。商业承兑汇票的出票人，为在银行开立存款账户的法人以及其他组织，并与付款人具有真实的委托付款关系，具有支付汇票金额的可靠资金来源。银行承兑汇票的出票人必须是在承兑银行开立存款账户的法人以及其他组织，并与承兑银行具有真实的委托付款关系，资信状况良好，具有支付汇票金额的可靠资金来源。

银行承兑汇票一式三联。第一联银行留存，第二联付款方拿回后给收款方，第三联出票人留存根。

银行承兑汇票样式正面如表3-41所示，背面如表3-42所示。

表 3-41　　　　　　　　　　　　银行承兑汇票正面

银行承兑汇票

出票日期　年　月　日
（大写）

2　$\frac{DB}{01}$00000001

收款人	全　称	
	账　号	
	开户银行	

| 人民币（大写） | | 亿 | 千 | 百 | 十 | 万 | 千 | 百 | 十 | 元 | 角 | 分 |

| 付款人 | 行　号 | |
| | 地　址 | |

请你行承兑，到期无条件付款。

本汇票已经承兑，到期日由本行付款。

承兑行签章

出票人签章

承兑日期　年　月　日

复核　　记账

备注：

此联收款人开户行随托收凭证寄付款行作借方凭证附件

表 3-42　　　　　　　　　　　　银行承兑汇票背面

被背书人	被背书人	粘贴单处
签章 年　月　日	签章 年　月　日	

2．商业汇票的承兑

商业承兑汇票可以由付款人签发并承兑，也可以由收款人签发交由付款人承兑。银行承兑汇票应由在承兑银行开立存款账户的存款人签发。

商业汇票可以在出票时向付款人提示承兑后使用，也可以在出票后先使用再向付款人提示承兑。提示承兑，是指持票人向付款人出示汇票，并要求付款人承诺付款的行为。定日付款或者出票后定期付款的商业汇票，持票人应当在汇票到期日前向付款人提示承兑。见票后定期付款的汇票，持票人应当自出票日起 1 个月内向付款人提示承兑。汇票未按照规定期限提示承兑的，持票人丧失对其前手的追索权。

商业汇票的付款人接到出票人或持票人向其提示承兑的汇票时，应当向出票人或持票人签发收到汇票的回单，记明汇票提示承兑日期并签章。付款人应当在自收到提示承兑的汇票之日起 3 日内承兑或者拒绝承兑。

付款人拒绝承兑的，必须出具拒绝承兑的证明。付款人承兑汇票后，应当承担到期付款的责任。付款人承兑商业汇票，不得附有条件；承兑附有条件的，视为拒绝承兑。

3．商业汇票的付款

（1）商业汇票的付款期限，最长不得超过 6 个月。定日付款的汇票付款期限自出票日起计算，并在汇票上记载具体的到期日。出票后定期付款的汇票付款期限自出票日起按月计算，并在汇票上记载。见票后定期付款的汇票付款期限自承兑或拒绝承兑日起按月计算，并在汇票上记载。

（2）商业汇票的提示付款期限，自汇票到期日起 10 日。持票人应在提示付款期限内通过开户银行委托收款或直接向付款人提示付款。对异地委托收款的，持票人可匡算邮程，提前通过开户银行委托收款。持票人超过提示付款期限提示付款的，开户银行不予受理。

（3）银行承兑汇票的出票人于汇票到期日未能足额交存票款时，承兑银行除凭票向持票人无条件付款外，对出票人尚未支付的汇票金额按照每天万分之五计收利息。

4．商业汇票贴现

贴现是指票据持票人在票据未到期前为获得现金向银行贴付一定利息而发生的票据转让行为。通过贴现，贴现银行获得票据的所有权。

（1）贴现条件。商业汇票的持票人向银行办理贴现必须具备下列条件：是在银行开立存款账户的企业法人以及其他组织；与出票人或者直接前手之间具有真实的商品交易关系；提供与其直接前手之间进行商品交易的发票和商品发运单据复印件。

你问我答：
商业汇票贴现时，其贴现金额一定小于面值吗？

（2）贴现利息的计算。贴现的期限从其贴现之日起至汇票到期日止。实付贴现金额按票面金额扣除贴现日至汇票到期前 1 日的利息计算。承兑人在异地的，贴现的期限以及贴现利息的计算应另加 3 天的划款日期。

（3）贴现的收款。贴现到期，贴现银行应向付款人收取票款。不获付款的，贴现银行应向其前手追索票款。贴现银行追索票款时可从贴现申请人的存款账户直接收取票款。

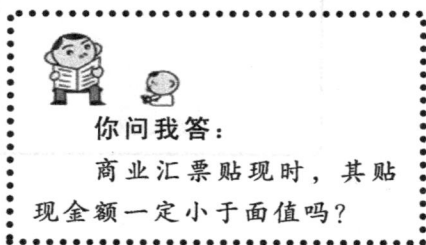

二、商业汇票业务处理程序

1．商业承兑汇票业务处理程序

（1）签发汇票并将承兑后的汇票交收款人。商业承兑汇票可以由付款人签发并承兑，也可以由收款人签发交由付款人承兑。签发商业承兑汇票必须记载下列事项：表明"商业承兑汇票"的字样、无条件支付的委托、确定的金额、付款人名称、收款人名称、出票日期和出票人签章。出票人签章为该单位的财务专用章或者公章，加其法定代表人或其授权代理人的签名或者盖章。

（2）提示付款。商业汇票的提示付款期限为自汇票到期日起 10 日内。持票人应在提示付款期限内通过开户银行委托收款或直接向付款人提示付款。持票人未按规定期限提示付款的，在作出说明后，承兑人或者付款人仍应当继续对持票人承担付款责任。商业汇票的付款期限，最长不得超过 6 个月。

（3）持票人开户银行向付款人开户银行发出委托收款的商业承兑汇票。

（4）付款人开户银行将商业承兑汇票留存，并及时通知付款人。

（5）付款人收到开户银行的付款通知，应在当日通知银行付款。付款人在接到通知日的次日起 3 日内（遇法定休假日顺延，下同）未通知银行付款的，视同付款人承诺付款。付款人提前收到由其承兑的商业汇票，应通知开户银行于汇票到期日付款。付款人存在合法抗辩事由拒绝支付的，应自接到通知日的次日起 3 日内，作成拒绝付款证明送交开户银行，银行将拒绝付款证明和商业承兑汇票邮寄给持票人开户银行转交持票人。

（6）付款人开户银行将票款划给持票人开户银行。

（7）持票人开户银行应于汇票到期日将票款划给持票人。

商业承兑汇票流转程序如图 3-21 所示。

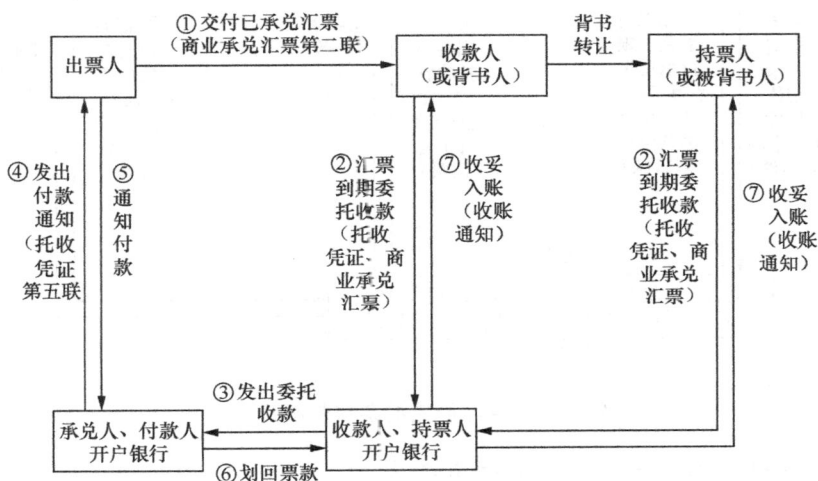

图 3-21 商业承兑汇票流转程序图

2. 银行承兑汇票业务处理程序

（1）出票人存入保证金到指定账户，持增值税专用发票复印件、购销合同复印件到开户银行提出申请。

（2）出票并承兑。银行信贷部门负责按照有关规定和审批程序，对出票人的资格、资信、发票日期是否在合同后、金额、公司名称、保证金及期限、购销合同和汇票记载的内容等进行认真审查，必要时可由出票人提供担保。银行审核申请人资格后，由银行客户经理签字，然后由出纳审核、企业财务主管签字。符合规定和承兑条件的，与出票人签订承兑协议。银行承兑汇票的承兑银行，应按票面金额向出票人收取万分之五的手续费。银行经办人员需要在承兑汇票上盖汇票专用章、银行经办人签章和复核签章。

（3）出票人将承兑后银行承兑汇票第二、三联拿回。其中，第二联给收款方，第三联留存。

（4）提示付款。持票人在商业汇票到期时提前 10 天到银行办理托收(委托收款)。

（5）持票人开户银行向付款人开户银行发出委托收款的银行承兑汇票。

（6）付款人开户银行将银行承兑汇票留存，承兑银行应在汇票到期日或到期日后的见票当日支付票款，将票款划给持票人开户银行。银行承兑汇票的承兑银行存在合法抗辩事由拒绝支付的，应自接到银行承兑汇票的次日起 3 日内，作成拒绝付款证明，连同银行承兑汇票邮寄给持票人开户银行转交持票人。

（7）持票人开户银行将票款划给持票人。

银行承兑汇票流转程序如图 3-22 所示。

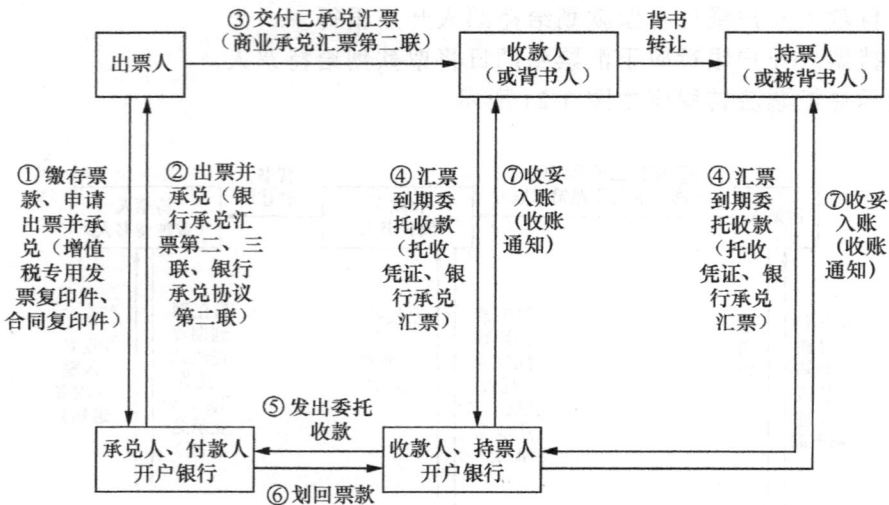

图 3-22　银行承兑汇票流转程序图

【知识链接】银行承兑汇票各联用途

◆ 第一联为卡片联。此联承兑行留存备查，到期支付票款时作借方凭证附件。

◆ 第二联为银行承兑汇票正联。此联收款人开户行随委托收款结算凭证寄给付款行作借方凭证的附件，可用于背书转让。

◆ 第三联为存根联。此联出票人存查。

三、商业汇票业务账务处理程序

1. 付款人账务处理程序

（1）付款方出纳员在获得承兑汇票时，需要在"应付票据备查登记簿"上予以登记。同时，制证员在收到出纳传来的商业承兑汇票第一联或银行承兑汇票第二联复印件时，需要编制会计分录。

借：材料采购等

贷：应付票据

（2）承兑汇票到期，出纳员将收到银行转来的托收凭证第五联（付款通知）交给制证员编制记账凭证。会计分录如下。

借：应付票据

贷：银行存款

（3）承兑汇票到期，如果付款人账户余额不足以支付，则会计人员需要编制如下会计分录。

① 商业承兑汇票需要编制如下会计分录。

借：应付票据

　　贷：应付账款

② 银行承兑汇票需要编制如下会计分录。

借：应付票据

　　贷：短期借款

2. 收款人账务处理程序

（1）收款人出纳员根据审核无误的银行承兑汇票登记"应收票据备查簿"，同时将票据传递给制证员编制记账凭证。

借：应收票据

　　贷：主营业务收入等

（2）出纳员根据银行转来的委托收款第四联登记银行存款日记账和应收票据备查簿。同时，将托收凭证第四联传递给制证员编制记账凭证。

借：银行存款

　　贷：应收票据

任务实施

（1）任务内容：齐天隆公司出纳丁冬该如何按要求开具银行承兑汇票？

任务分析：丁冬开具银行承兑汇票的步骤如下。

① 持增值税专用发票抵扣联和发票联复印件及合同复印件到银行申请开具银行承兑汇票。签发转账支票，将款项存入银行指定账户。增值税专用发票发票联如表 3-43 所示（抵扣联略），购销合同略。

表 3-43　　　　　　　　增值税专用发票

3700082140					山东增值税专用发票	No 01690248			
开票日期：2015年3月16日									
购买方	名　称：齐天隆公司 纳税人识别号：3703056666666666 地址、电话：淄博市临淄区　0533-7588888 开户行及帐号：工商银行西山支行　206666666				密码区	803+<3845335*<5>/>5-> +*9>040/0/85-00517*-7 4-7*3899+600/4*/1<446 95/7411684<>><4+5>50	加密版本：01 3700082140 01690248		
货物或应税劳务、服务名称	规格型号	单位	数量	单价	金额		税率	税额	
老板桌		张	5	10000.00	50000.00		17%	8 500.00	
					￥50000.00			￥8500.00	
价税合计（大写）　　☒伍万捌仟伍佰元整						（小写）￥58500.00			
销售方	名　称：晋东南家具股份有限公司 纳税人识别号：142202455555555 地址、电话：长治市河马路　0354-4555555 开户行及帐号：工商银行长治支行　324444444								
复核：　　　　　开票人：陈×明　　　单位（章）									

② 银行出票并承兑。经审核、签字后，银行经办人员加盖汇票专用章、银行经办人签章和复核签章，如表 3-44 所示。

③ 出票人将承兑后银行承兑汇票第二、三联拿回。其中，第二联复印后给采购员，持往销货方采购货物，第三联留存（银行承兑汇票第三联格式略），并登记应付票据备查簿。

表 3-44　　　　　　　　　　　　　　银行承兑汇票

④ 传递凭证。将银行承兑汇票第二联复印件，以及增值税专用发票传给制证员编制记账凭证。制证员编制的记账凭证如表 3-45 所示。

表 3-45　　　　　　　　　　　　　　记账凭证

记 账 凭 证

2015年 3月 16日　　　　　　　　　　　第 6 号

摘　要	会计科目	明细科目	√	借方金额		√	贷方金额		附单据
				千佰十万千百十元角分			千佰十万千百十元角分		
采购老板桌	材料采购	老板桌面		5 0 0 0 0 0					2 张
	应交税费	应交增值税（进项税额）		8 5 0 0 0					
	应付票据						5 8 5 0 0 0 0		
合　计				￥5 8 5 0 0 0 0			￥2 3 4 0 0 0 0		

财务主管：　　　记账：　　　出纳：丁冬　　　审核：　　　制单：梁军

（2）任务内容：齐天隆公司出纳丁冬收到银行承兑汇票后，该如何处理？

任务分析：丁冬收到银行承兑汇票后应按照如下步骤办理这笔业务。

① 在票据到期前十天内提示付款。在银行承兑汇票到期时提前十天到银行办理托

收。填制一式五联的托收凭证，并在第二联加盖企业的预留银行印鉴。将托收凭证连同银行承兑汇票一并交给银行收款。待银行审查受理并加盖银行业务受理章后，将委托收款的托收凭证第一联带回，如表3-46所示。

表3-46　　　　　　　　　　　　银行托收凭证

工商银行托收凭证　　　1

委托日期：2015 年 3 月 16 日

业务类型		委托收款 （邮划　　电划√）			托收承付 （邮划　　　电划）								此
付款人	全称	明珠公司		收款人	全称				齐天隆公司				联 收 款 人
	账号	417777777			账号				206666666				开 户
	地址	南平市马力路 21 号			地址				淄博市临淄区				银 行
金额人民币 （大写）		伍拾万元整	亿	千	百	十	万	千	百	十	元	角	分	受 理
					¥	5	0	0	0	0	0	0	0	回
款项内容		托收凭据名称	发票						张数		1 张		单
商品发运情况		已发运				合同名称编码				A1018			
备注：		收款人开户银行受理日期											
			年 月 日								年 月 日		

② 票据到期日，将银行转来的委托收款的托收凭证第四联交给制证员编制记账凭证。

③ 登记银行存款日记账和应收票据备查簿。

任务八　汇兑业务

任务引入

2015 年 3 月 18 日，齐天隆公司预付购买泰山公司办公桌桌面的货款 23 400 元。

相关知识

一、汇兑的相关知识

1. 汇兑的概念

汇兑是汇款单位委托银行将款项汇往异地收款单位的一种结算方式。汇兑根据划转款项的不同方法以及传递方式的不同可以分为信汇和电汇两种，由汇款人自行选择。信汇是汇款人向银行提出申请，同时交存一定金额及手续费，汇出行将信汇委托书以邮寄方式寄给汇入行，授权汇入行向收款人解付一定金额的一种汇兑结算方式。电汇是汇款人将一定款项交存汇款银行，汇款银行通过电报或电传给目的地的分行或代理行（汇入行），指示汇入行向收款人支付一定金额的一种汇款方式。在这两种汇兑结算方式中，信汇费用较低，但速度相对较慢，而电汇具有速度快的优点。随着银行网络系统的完善，现在一般使用电汇。

2. 汇兑的特点

汇兑结算适用范围广，手续简便易行，灵活方便，因而是目前一种应用极为广泛的结算方式，其特点如下。

（1）汇兑结算，无论是信汇还是电汇，都没有金额起点的限制，不管款多款少都可使用。

（2）汇兑结算属于汇款人向异地主动付款的一种结算方式。汇兑结算方式广泛地用于先汇款后发货的交易结算方式。如果销货单位对购货单位的资信情况缺乏了解或者商品较为紧俏的情况下，可以让购货单位先汇款，等收到货款后再发货以免收不回货款。当然，购货单位采用先汇款后发货的交易方式时，应详尽了解销货单位的资信情况和供货能力，以免盲目地将款项汇出却收不到货物。如果对销货单位的资信情况和供货能力缺乏了解，可将款项汇到采购地，在采购地开立临时存款户，派人监督支付。

（3）汇兑结算方式除了适用于单位之间的款项划拨外，也可用于单位对异地的个人支付有关款项，如退休工资、医药费、各种劳务费、稿酬等，还可用于个人对异地单位所支付的有关款项，如邮购商品、书刊等。

（4）汇兑结算手续简便易行，单位或个人很容易办理。

3. 汇兑的有关规定

（1）汇兑凭证记载的汇款人名称、收款人名称，其在银行开立存款账户的，必须记载其账号。欠缺记载的，银行不予受理。

（2）汇兑凭证上记载收款人为个人的，收款人需要到汇入银行领取汇款，汇款人应在汇兑凭证上注明"留行待取"字样；留行待取的汇款，需要指定单位的收款人领取汇款的，应注明收款人的单位名称；信汇凭收款人签章支取的，应在信汇凭证上预留其签章。汇款人确定不得转汇的，应在汇兑凭证备注栏注明"不得转汇"字样。

（3）汇款人和收款人均为个人，需要在汇入银行支取现金的，应在信汇、电汇凭证的"汇款金额"大写栏，先填写"现金"字样，后填写汇款金额。

（4）汇出银行受理汇款人签发的汇兑凭证，经审查无误后，应及时向汇入银行办理汇款，并向汇款人签发汇款回单。汇款回单只能作为汇出银行受理汇款的依据，不能作为该笔汇款已转入收款人账户的证明。

（5）汇入银行对开立存款账户的收款人，应将汇给其的款项直接转入收款人账户，并向其发出收账通知。

（6）未在银行开立存款账户的收款人，凭信汇、电汇的取款通知或"留行待取"

的，向汇入银行支取款项，必须交验本人的身份证件，在信汇、电汇凭证上注明证件名称、号码及发证机关，并在"收款人签盖章"处签章；信汇凭签章支取的，收款人的签章必须与预留信汇凭证上的签章相符。银行审查无误后，以收款人的姓名开立应解汇款及临时存款账户，该账户只付不收，付完清户，不计付利息。

（7）支取现金的，信汇、电汇凭证上必须有按规定填明的"现金"字样，才能办理。未填明"现金"字样，需要支取现金的，由汇入银行按照国家现金管理规定审查支付。

（8）收款人需要委托他人向汇入银行支取款项的，应在取款通知上签章，注明本人身份证件名称、号码、发证机关和"代理"字样以及代理人姓名。代理人代理取款时，也应在取款通知上签章，注明其身份证件名称、号码及发证机关，并同时交验代理人和被代理人的身份证件。

（9）转账支付的，应由原收款人向银行填制支款凭证，并由本人交验其身份证件办理支付款项。该账户的款项只能转入单位或个体工商户的存款账户，严禁转入储蓄卡和信用卡账户。

（10）转汇的，应由原收款人向银行填制信汇、电汇凭证，并由本人交验其身份证件。转汇的收款人必须是原收款人。原汇入银行必须在信汇、电汇凭证上加盖"转汇"戳记。

（11）汇款人对汇出银行尚未汇出的款项可以申请撤销。申请撤销时，应出具正式函件或本人身份证件及原信汇、电汇回单。汇出银行查明确未汇出款项的，收回原信汇、电汇回单，方可办理撤销。

（12）汇款人对汇出银行已经汇出的款项可以申请退汇。对在汇入银行开立存款账户的收款人，由汇款人与收款人自行联系退汇；对未在汇入银行开立存款账户的收款人，汇款人应出具正式函件或本人身份证件以及原信汇、电汇回单，由汇出银行通知汇入银行，经汇入银行核实汇款确未支付，并将款项汇回汇出银行，方可办理退汇。

（13）转汇银行不得受理汇款人或汇出银行对汇款的撤销或退汇。

（14）汇入银行对于收款人拒绝接受的汇款，应当即办理退汇。汇入银行对于向收款人发出取款通知，经过2个月无法交付的汇款，应主动办理退汇。

二、汇兑业务处理程序

出纳员办理汇兑时，涉及以下步骤。

（1）签发汇兑凭证（汇款申请书），同时填写转账支票。中国银行境内汇款申请书格式如表3-47所示。

汇兑凭证上必须记载的事项包括：表明"信汇"或"电汇"的字样；无条件支付的委托；确定的金额；收款人名称；汇款人名称；汇入地点、汇入行名称；汇出地点、汇出行名称；委托日期和汇款人签章（财务章和法人章）。凡汇兑凭证上欠缺上述事项之一的，银行不予受理。

（2）汇出银行受理汇兑凭证，经审查无误后，向汇款人签发汇款回单。

（3）收款人收到银行的到款通知书后记账。

表 3-47   境内汇款申请书

境内汇款申请书

鲁中1109(三联)

中国银行 BANK OF CHINA

委托日期：2015年 3月18日

业务编号：

请将下述款项用以下方式汇出：
- ☐ 实时汇划
- ☐ 普通汇款
- ☐ 同业汇款 No:HK12427992

汇款申请人 客户填写	全称	齐天隆公司	收款人	全称	泰山公司	银行打印	
	账号	1004530100		账号	2329010403	金额	
	汇款人地址	淄博市临淄区		汇入地址	山东 省(区) 泰安 市(县)		
	汇出行名称	中行淄博分行		汇入行名称	中行泰安分行	手续费：	
	身份证件号			☐ 转账 ☐ 现金 ☐ 其他		电子汇划费（邮费）：	
	金额(货币大写)	贰万叁仟肆佰元整		亿千百十万千百十元角分 ¥ 2 3 4 0 0 0 0			
	汇款用途	预付购买办公桌面款				总金额：	
	汇款人联系电话						
	收款人联系电话						

（银行转讫/现讫章）

业务主管：   授权：   复核：   经办：   核 印(密)章：

请仔细阅读北面之客户须知，并准确填写。

第一联 银行借方记账附件

三、汇兑业务账务处理程序

1. 付款方账务处理程序

付款方出纳员登记银行存款日记账，同时制证员根据汇款申请书回单编制记账凭证。

    借：材料采购等

        贷：银行存款

2. 收款方账务处理程序

根据银行转来的到账通知，收款方出纳员登记银行存款日记账，制证员编制记账凭证。

    借：银行存款

        贷：主营业务收入等

🔲 **任务实施**

任务内容：齐天隆公司出纳员应如何预付泰山公司的货款？

任务分析：出纳员丁冬应按如下方法办理这笔业务。

（1）到银行办理电汇，填写境内汇款申请书，同时填写转账支票，格式如表3-47和表3-48所示。

表 3-48　　　　　　　　　　　　　转账支票

（2）将汇款回单传递给制证员记账。制证员编制好的记账凭证如表 3-49 所示。

表 3-49

记　账　凭　证

2015年 3 月 28 日　　　　　　　　　　　第　6　号

摘　　要	会计科目	明 细 科 目	√	借方金额									√	贷方金额									附单据
				千	百	十	万	千	百	十	元	角	分		千	百	十	万	千	百	十	元	角	分	
采购办公桌面	材料采购	办公桌面					2	0	0	0	0	0	0												
	应交税费	应交增值税（进项税额）						3	4	0	0	0	0												
	银行存款																2	3	4	0	0	0	0	2 张
合　　　　计						¥	2	3	4	0	0	0	0				¥	2	3	4	0	0	0	0	

财务主管　　　　　记账　　　　出纳：丁冬　　　　审核：　　　　制单：梁军

（3）登记银行存款日记账。

任务九　委托收款业务

任务引入

2015 年 3 月 20 日，齐天隆公司销售给利达公司老板桌一批，开具增值税专用发票（第一联如表 3-50 所示，其他两联略），货物已经发出。3 月 21 日，出纳员丁冬到银行办理委托收款。3 月 23 日，收到银行转来的对方开出的拒绝付款理由书，如表 3-51

所示。此时，丁冬该如何处理呢？

表 3-50 增值税专用发票

山东增值税专用发票

	3700082140				记　账　联　东		No 01690248		
购买方	名　　　称：利达公司 纳税人识别号：3 7 0 3 0 3 6 6 3 5 0 3 5 8 9 0 地址、电话：淄博市临淄区　0533-2601648 开户行及账号：工行杏园支行　16030021092				密码区	803+⟨3845335*⟨5⟩/⟩5-⟩ +*9⟩040/0/85-00517*-7 4-7*3899+600/4*/1⟨446 95/7411684⟨⟩*⟨4+5⟩50	加密版本：01 3700082140 01690248	

开票日期：2015年3月20日

货物或应税劳务、服务名称	规格型号	单位	数量	单　价	金　额	税率	税　额
老板桌		张	10	10000.00	100000.00	17%	17000.00
合　　计					￥100000.00		￥17000.00

价税合计（大写）	☑壹拾壹万柒仟元整	（小写）￥117000.00

销售方	名　　　称：齐天隆公司 纳税人识别号：3 7 0 3 0 5 6 6 6 6 6 6 6 6 6 6 地址、电话：淄博市临淄区　0533-7588888 开户行及账号：工商银行西山支行　206666666	

收款人：　　　　复核：　　　　开票人：　　　　单位（章）

表 3-51 拒付理由书

托收承付 委托收款	结算	全部 部分	拒绝付款理由书	（代通知 或收账通知）	4

拒付日期　2015 年 03 月 23 日　　原托收号码：1234587659

付款人	全称	利达公司	收款人	全称	齐天隆公司
	账号	16030021092		账号	206666666
	开户行	工行杏园支行		开户行	工商银行西山分理处

托收金额	117000	拒付金额	11700	部分付款金额	千 百 十 万 千 百 十 元 角 分
附寄单据	2	部分付款金额（大写）		壹拾万伍仟叁佰元整	

拒付理由：1件质量不符合要求。

明天达印　★　付款人签章

此联作收款单位收账通知或全部拒付通知书

相关知识

一、委托收款的相关知识

1. 委托收款的概念

委托收款是收款人委托银行向付款人收取款项的结算方式。

单位和个人凭已承兑商业汇票、债券、存单等付款人债务证明办理款项的结算，均可以使用委托收款的结算方式。委托收款在同城、异地均可以使用。委托收款结算款项的划回方式分邮寄和电报两种，由收款人选用。

2. 委托收款的适用范围

委托收款是一种方便灵活、使用范围广泛、便于收款人主动收取款项的结算方式。这种结算方式不受金额起点的限制，也不受地区限制，同城或异地均可使用。

凡在银行或其他办理结算业务的金融机构开立账户的企事业单位和个体经济户，办理商品交易、劳务费用以及其他应收款项结算均可采用委托收款的方式。在银行废止同城托收无承付结算方式后，对信用状况较好的企业，可以改用委托收款。城镇公用服务事业单位向用户单位收取水费、电费、邮电费、煤气费等劳务费的结算，也可以采用委托收款。为了简化手续，方便收付款单位，银行对上述有固定计量、计价标准、不易发生争议的劳务费用结算，可以办理专用委托收款。收款单位按照合同规定的条款，提供劳务，定期填制银行规定的专用委托收款凭证，连同有关单证送交其开户银行办理委托收款。银行无须由付款单位逐笔审查同意，即可办理划款，转入收款人账户。办理这类结算业务的前提，必须是收付双方有协议，如发生争议，银行便终止办理。

二、委托收款业务处理程序

委托收款业务处理程序如下。

（1）收款人凭债务证明到银行办理委托收款。

（2）签发委托收款凭证，格式如表 3-52 所示。

委托收款凭证必须记载的事项包括：表明"委托收款"的字样、确定的金额、付款人名称、收款人名称、委托收款凭据名称及附寄单证张数、委托日期和收款人签章。

（3）委托。需提交委托收款凭证和有关债务证明。

（4）银行审核后将债务证明交给付款人。

（5）付款人通知银行付款或办理拒绝付款。

委托收款程序流程如图 3-23 所示。

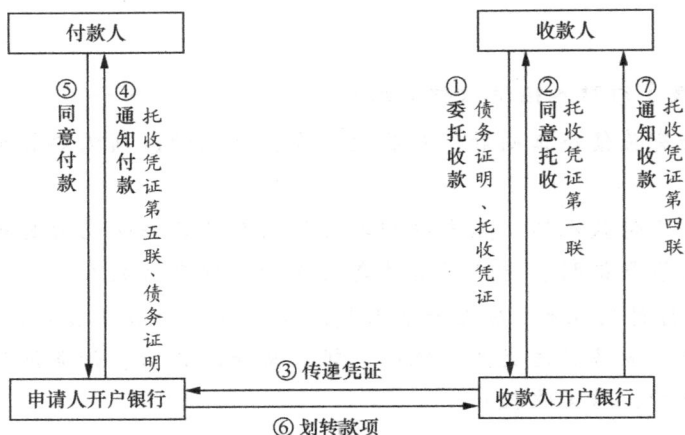

图 3-23 委托收款程序流程图

【知识链接】托收凭证各联的用途

◆第一联回单，是收款单位开户银行给收款单位的回单联。

◆第二联贷方凭证，是收款单位委托开户银行办理托收款项后的贷方凭证联。

◆第三联借方凭证，是付款单位开户银行支付货款的借方凭证联。

◆第四联收账通知，是收款单位开户银行在款项收妥后，给收款单位的收账通知联。

◆第五联承付支款通知，是付款单位开户银行通知付款单位按期承付货款的承付通知。

【知识链接】付款人同意付款的情形

（1）以银行为付款人的，银行应在当日将款项主动支付给收款人。

（2）以单位为付款人的，银行应及时通知付款人，按照有关办法规定，需要将有关债务证明交给付款人的应交给付款人，并签收。

付款人应于接到通知的当日书面通知银行付款。付款人未在接到通知日的次日起3日内通知银行付款的，视同付款人同意付款，银行应于付款人接到通知日的次日起第4日上午开始营业时，将款项划给收款人。

付款人提前收到由其付款的债务证明，应通知银行于债务证明的到期日付款。付款人未于接到通知日的次日起3日内通知银行付款，付款人接到通知日的次日起第4日在债务证明到期日之前的，银行应于债务证明到期日将款项划给收款人。

银行在办理划款时，付款人存款账户不足以支付的，应通过被委托银行向收款人发出未付款项通知书。按照有关办法规定，债务证明留存付款人开户银行的，应将其债务证明连同未付款项通知书邮寄给被委托银行，转交收款人。

【知识链接】付款人拒绝付款的情形

付款人审查有关债务证明后，对收款人委托收取的款项需要拒绝付款的，可以办理拒绝付款。

（1）以银行为付款人的，应自收到委托收款及债务证明的次日起3日内出具拒绝证明连同有关债务证明、凭证寄给被委托银行，转交收款人。

（2）以单位为付款人的，应在付款人接到通知日的次日起3日内出具拒绝证明，持有债务证明的，应将其送交开户银行。银行将拒绝证明、债务证明和有关凭证一并寄给被委托银行，转交收款人。

三、委托收款业务账务处理程序

1. 收款方账务处理程序

（1）收款方制证员根据银行加盖业务受理章的托收凭证回单联编制记账凭证，其会计分录如下。

借：应收账款

　　贷：主营业务收入等

（2）付款方付款后，根据银行传来的托收凭证收账通知联，出纳员登记银行存款日记账，制证员编制记账凭证，其会计分录如下。

借：银行存款

　　贷：应收账款

（3）如果付款方部分拒付，在收到开户银行转来的对方开出的拒绝付款理由书及相关凭证时，经审核后，开具红字发票，并按对方实际购货金额重新开具发票。出纳根据实际收款金额登记银行存款日记账，制证员根据有关凭证编制记账凭证，其会计分录如下。

① 付款部分。

借：银行存款

　　贷：应收账款

② 拒付部分。

借：主营业务收入等

　　贷：应收账款

2. 付款方账务处理程序

（1）付款方同意付款时，制证员根据银行转来的托收凭证第五联及领导审批意见书编制记账凭证，出纳员登记银行存款日记账。

借：材料采购等

　　贷：银行存款

（2）付款方如果部分拒付，制证员根据最终收到的增值税专用发票及拒绝付款理由书第一联编制记账凭证。

借：材料采购等

　　贷：银行存款

任务实施

任务内容：收到银行转来的对方公司开出的拒绝付款理由书后，齐天隆公司出纳丁冬该如何处理？

任务分析：丁冬应按照如下方法进行处理。

（1）需要持增值税专用发票复印件到银行办理托收，填制一式五联的托收凭证并由印鉴管理人员在第二联收款人签章处加盖单位预留银行印鉴，如表 3-52 所示。

表 3-52　　　　　　　　　　**托收凭证**

工商银行托收凭证　　　2

委托日期：2015 年 3 月 21 日

业务类型		委托收款 （邮划　　电划√）　　托收承付 （邮划　　电划）													
付款人	全称	利达公司	收款人	全称				齐天隆公司							
	账号	16030021096		账号				206666666							
	地址	淄博市临淄区		地址				淄博市临淄区							
金额人民币（大写）		壹拾壹万柒仟元整	亿	千	百	十	万	千	百	十	元	角	分		
					¥	1	1	7	0	0	0	0	0		
款项内容		托收凭据名称	发票			附寄单证张数					1张				
商品发运情况		已发运			合同名称编码				5421						
备注：		上述款项随附有关债务证明，请予办理。						收款人开户银行结算章							

此联收款人开户银行作贷方凭证

平印张震（印章）
收款人签章

年　月　日

（2）办理托收手续后，将银行审查受理并加盖银行业务受理章的托收凭证第一联传递给制证员编制记账凭证。

（3）3 月 23 日，将银行转来的对方开出的拒绝付款理由书交财务部门有关人员审核，根据重新开具的发票登记银行存款日记账，并将有关单据传递给制证员编制记账凭证。

任务十　托收承付业务

任务引入

2015 年 3 月 23 日，齐天隆公司销售给光明公司老板桌一批，开具增值税专用发票（第一联如表 3-53 所示，其他两联略），货物已经发出。3 月 24 日，丁冬到银行办理托收承付，他该如何办理呢？

表 3-53

增值税专用发票

山东增值税专用发票

3700082140

No 01690248

开票日期：2015年3月23日

购买方	名　　称：利达公司 纳税人识别号：3 7 0 3 0 3 6 3 5 0 地址、电话：淄博市临淄区　0533-2601648 开户行及账号：工行杏园支行　16030021092				密码区	803+<3845335*<5>/>5-> -*9>040/0/85-00517*-7 4-7*3899+600/4*/1<446 95/7411684<>><4+5>50	加密版本：01 3700082140 01690248
货物或应税劳务、服务名称	规格型号	单位	数量	单价	金额	税率	税额
老板桌		张	10	10000.00	100000.00	17%	17000.00
合　　计					￥100000.00		￥17000.00
价税合计（大写）			⊗壹拾壹万柒仟元整			（小写）￥117000.00	
销售方	名　　称：齐天隆公司 纳税人识别号：3 7 0 3 0 5 6 6 6 6 6 6 6 6 6 地址、电话：淄博市临淄区　0533-7588888 开户行及账号：工商银行西山支行　206666666				备注		

收款人：　　　　　　复核：　　　　　　开票人：丁冬　　　　　　单位：（章）

第一联记账联销售方记账凭证

相关知识

一、托收承付的相关知识

1. 托收承付的概念

托收承付是收款人按照经济合同向付款人供货后，委托银行向付款人收取款项，由付款人向银行承认付款的一种结算方式。托收承付根据结算款项的划回方法，分为邮寄和电报两种，收款企业可以根据到账时间以及手续费用等因素选择使用。

2. 托收承付的有关规定

（1）使用范围。异地托收承付适用于国有企业、事业单位和机关、部队、学校、供销合作社之间的商品交易，以及由于商品交易而产生的劳务供应的款项结算。集体所有制的工业企业（包括镇办工业，农工商联办集体工业，为产、供、销服务的集体工业供销企业）经营管理得好，经其开户银行审查同意后也可办理托收承付结算。

（2）使用条件。各单位向集体所有制工业企业收取货款，必须凭该企业开户银行签发的准许其办理托收承付结算的证明才能办理托收承付结算。

上述各类企业办理托收承付结算，还应具备下列条件。

① 收付双方订有符合《经济合同法》要求的经济合同，并在合同中明确订有使用托收承付结算方式的条款。

② 收付双方信用较好，都能按照合同规定办理，对于违反合同、收款人对同一付款人发货托收累计 3 次收不回货款的，收款人开户银行应暂停收款人向该付款人办理托收；付款人累计 3 次提出无理拒付的，付款人开户银行应暂停其向外办理托收。

③ 要有货物确已发运的证件，包括铁路、航运、公路等承运部门签发的运单、运单副本和邮局包裹回执等。

异地托收承付结算只能在异地使用，不能在同城使用。异地托收承付结算起点为 10 000 元，大中型国有工业企业和商业一、二级批发企业办理异地托收承付，如果需要补充在途占用的结算资金，可以向银行申请结算贷款。

二、托收承付业务处理程序

托收承付业务处理程序如下。

（1）收款人正确填写托收凭证，并在第二联收款人签章处加盖预留银行印鉴。

签发托收承付凭证必须记载的事项包括：表明"委托收款"的字样、确定的金额、付款人名称及账号、收款人名称及账号、付款人开户银行名称、收款人开户银行名称、托收附寄单证张数或册数、合同名称及号码、委托日期和收款人签章。托收承付凭证上欠缺记载上列事项之一的，银行不予受理。

（2）收款人办理托收。将填制好的托收凭证、随附证件或其他符合托收承付结算的有关证明文件和交易单证送交开户银行办理托收手续。

（3）银行间传递凭证。

（4）付款人开户银行通知付款人付款。

（5）付款人承付或拒绝承付。付款单位出纳员收到其开户银行转来的托收承付结算凭证第五联及有关发运单证和交易单证后，应按规定立即登记"异地托收承付付款登记簿"和"异地托收承付处理单"，然后交供应（业务）等职能部门签收。

（6）供应部门会同财务部门认真仔细地审查托收承付结算凭证及发运单证和交易单证，看其价格、金额、品种、规格、质量、数量等是否符合双方签订的合同的规定，并签出全部承付、部分拒付、全部拒付的意见。如为验货付款的还应将有关单证和实际收到货物作进一步核对，以签出处理意见。付款单位承付货款有验单付款和验货付款两种方式，由收付双方协商选用，并在合同中明确加以规定。实行验货付款的，收款单位在办理托收手续时应在托收凭证上加盖"验货付款"戳记。

你问我答：
托收承付和委托收款有什么区别？

（7）银行间划转款项。

（8）收款方开户银行通知收款人收款。

托收承付程序流程如图3-24所示。

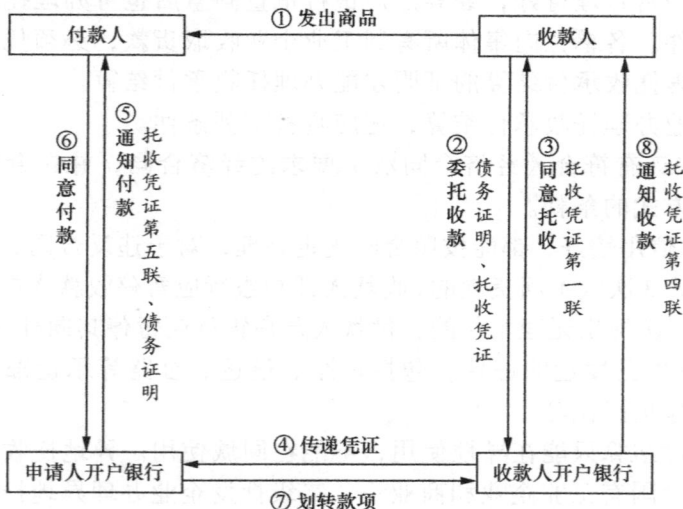

图 3-24　托收承付程序流程图

付款人承付货款的方式有验单付款和验货付款两种方式。验单付款的，其承付期为3天，从付款单位开户银行发出承付通知的次日算起，承付期内遇到法定节假日顺延，对距离较远的付款单位必须邮寄的另加邮寄时间。

付款单位收到银行发出的承付通知后，在承付期内未向银行表示拒付货款的，银行视为承付处理，在承付期满的次日将款项按收款单位指定的划款方式划给收款单位。

验货付款的，其承付期为10天，从运输部门向付款单位发出提货通知的次日算起。另外，也可根据实际情况由双方协商确定验货付款期限，并在合同中明确规定，并由收款单位在托收承付凭证上予以注明，这样银行便按双方约定的付款期限办理付款。

付款单位收到提货通知后，应立即通知银行并交验提货通知。付款单位在银行发出承付通知后的10天或收付双方约定的期限（从次日算起）内，如未收到提货通知，则应在第10天或约定期限内将货物尚未到达的情况通知银行。如果未通知，银行即视为已经验货，于10天或约定期限满的次日上午开始营业时将款项划给收款单位。在第10天付款单位通知银行货物未到而以后收到提货通知没有及时通知银行的，银行仍按10天期满的次日作为划款日期，并按超过天数，计扣逾期付款的滞纳金。

三、托收承付业务账务处理程序

1. 收款方账务处理程序

（1）收款方制证员根据银行加盖业务受理章的托收凭证回单联编制记账凭证，其会计分录如下。

借：应收账款
　　贷：主营业务收入等

（2）付款方付款后，根据银行传来的托收凭证收账通知联，出纳员登记银行存款日记账，制证员编制记账凭证，其会计分录如下。

借：银行存款
　　贷：应收账款

（3）如果付款方部分拒付，在收到开户银行转来的对方开出的拒绝付款理由书及相关凭证时，经审核后，开具红字发票，并按对方实际购货金额重新开具发票，出纳员根据实际收款金额登记银行存款日记账，制证员根据有关凭证编制记账凭证，其会计分录如下。

① 付款部分。
借：银行存款
　　贷：应收账款
② 拒付部分。
借：主营业务收入等

贷：应收账款

2. 付款方账务处理程序

（1）付款方同意付款时，制证员根据银行转来的托收凭证第五联及领导审批意见书编制记账凭证，出纳员登记银行存款日记账。

借：材料采购等

贷：银行存款

（2）付款方如果部分拒付，制证员根据最终收到的增值税专用凭证及拒绝付款理由书第一联编制记账凭证。

借：材料采购等

贷：银行存款

任务实施

任务内容：齐天隆公司出纳丁冬应如何办理托收承付？

任务分析：丁冬应该按照如下方法办理这笔业务。

① 持增值税专用发票复印件到银行办理托收，填制一式五联的托收凭证并由印鉴管理人员在第二联收款人签章处加盖单位预留银行印鉴，如表 3-54 所示。

表 3-54　　　　　　　　　　　　托收凭证

工商银行托收凭证　　　2

委托日期：2015 年 3 月 23 日

业务类型		委托收款 （邮划　　电划）		托收承付 （邮划　　电划√）									
付款人	全称	光明公司	收款人	全称	齐天隆公司								此联收款人开户银行作贷方凭证
	账号	26030020198		账号	206666666								
	地址	太原市小店区		地址	淄博市临淄区								
金额人民币（大写）		壹拾壹万柒仟元整	亿	千	百	十	万	千	百	十	元	角	分
					¥	1	1	7	0	0	0	0	0
款项内容		托收凭据名称	发票			附寄单证张数				1 张			
商品发运情况						合同名称编码				5438			
备注：		上述款项随附有关财务证明，请予办理。											

② 办理托收手续后，将银行审查受理并加盖银行业务受理章的托收凭证第一联交给制证员编制记账凭证，其会计分录如下。

借：应收账款——光明公司　　　　　　　　　　　　　　　　　117 000

　　贷：主营业务收入——老板桌　　　　　　　　　　　　　100 000

　　　　应交税费——应交增值税（销项税额）　　　　　　　 17 000

任务十一　信用证业务

任务引入

齐天隆公司出纳员丁冬遇到如下有关信用证的业务。

（1）3月23日，受采购员委托，需要向境外摩顶公司采购一批材料，价税等共计2 000 000元。

（2）3月26日，收到银行转来的境外销货单位信用证结算凭证以及所附发票账单、海关进口增值税专用缴款书等有关凭证，材料价款 1 500 000 元，增值税额为255 000 元。同时收到银行收账通知，对该境外销货单位开出的信用证余款 245 000 元已经转回银行账户。

请问：丁冬该如何办理这些业务？

相关知识

一、信用证的相关知识

1. 信用证的概念

信用证为国际贸易中最常采用的付款方式。在国际贸易活动中，买卖双方可能互不信任，买方担心预付款后，卖方不按合同要求发货；卖方也担心在发货或提交货运单据后买方不付款。因此，需要两家银行作为买卖双方的保证人，代为收款交单，以银行信用代替商业信用。银行在这一活动中所使用的工具就是信用证。

信用证是一种开证银行根据申请人（进口方）的要求和申请，向受益人（出口方）开立的有一定金额、在一定期限内凭汇票和出口单据，在指定地点付款的书面保证。信用证是开证行向受益人作出的付款承诺，使受益人有了收款的保障，因此是对受益人有利的支付方式。但是，受益人只有在按信用证规定提供了信用证要求的单据时才能得到款项。因此，信用证是银行的有条件的付款承诺。

> **【知识链接】关于开证行**
>
> 开证行（Opening Bank，Issuing Bank，Establishing Bank）是指接受开证申请人（一般是贸易合同的买方、货物进口人）的要求和指示或根据其自身的需要，开立信用证的银行。开证行一般是进口人所在地银行。
>
> 开证行具有以下权利和义务。
>
> （1）严格按开证申请人的指示开立信用证的义务。
>
> （2）付款义务。信用证受益人提交的单据如果符合信用证规定，开证行就必须向受益人支付信用证金额，或承兑受益人出具的汇票。
>
> （3）获得偿付的权利。开证行在开立了信用证后，若对符合信用证规定的单据进行了付款，那么开证行有权从申请人处获得偿付。

（4）审核单据的义务。信用证通常规定受益人在请求银行履行付款、承兑或议付义务时，必须向银行提交信用证规定的单据，银行在付款、承兑或议付之前，要审核受益人所提交的单据是否符合信用证规定的条件。

（5）保管单据的义务。受益人按信用证规定将全套单据提交给开证行，在开证行审核单据、兑付货款前的这段时间，开证行作为受益人的受托人有责任保管单据。

2. 信用证的特点

信用证方式有以下 3 个特点。

（1）信用证不依附于买卖合同，银行在审单时强调的是信用证与基础贸易相分离的书面形式上的认证。

（2）信用证是凭单付款，不以货物为准。只要单据相符，开证行就应无条件付款。

（3）信用证是一种银行信用，是银行的一种担保文件。

3. 信用证的种类

信用证可以从不同的角度进行分类，其中主要有以下 5 类。

（1）根据是否有货运单据，信用证可以分为跟单信用证和光票信用证两种。

（2）根据开证银行对信用证所负的责任不同，信用证可以分为不可撤销信用证和可撤销信用证。

（3）根据有没有另一家银行加以保证对付，信用证可以分为保兑信用证和不保兑信用证。

（4）根据付款时间的不同，信用证可以分为即期信用证、远期信用证和延期付款信用证。

（5）根据受益人对信用证的权利是否可以转让，信用证可以分为可转让信用证和不可转让信用证。

二、信用证业务处理程序

按照信用证结算方式的一般规定，买方先将货款交存银行，由银行开立信用证，通知异地卖方开户银行转告卖方，卖方按合同和信用证规定的条款发货，银行代买方付款。

（1）申请。

① 付款方提供合同、形式发票、信用证申请书、海关提供的进口许可证（或开立信用证的说明）、营业执照及营业执照副本复印件。

② 开证行认真审核单据后，在审核无误的情况下，给申请人合同（开立信用证的协议），由开证申请单位的法人签字。

③ 开证申请人存一定的保证金在银行指定账户上，并填写进账单。

（2）开证。银行开立信用证给通知行（保兑行）。开证行将信用证副本给客户确认后开出。

（3）通知。通知银行收到开证行开来的信用证后，经核对印鉴密押无误后，根据开证行的要求编制通知书，及时、正确地通知受益人。

（4）交单。受益人接受信用证后，按照信用证的条款，在规定的装运期内装货，取得运输单据并备齐信用证所要求的其他单据，开出汇票，一并送交当地银行（议付银行）。

（5）垫付。议付银行按照信用证的有关条款对受益人提供的单据进行审核，审核无误后按照汇票金额扣除应付利息后垫付款项给受益人。

（6）寄单。议付银行将汇票和有关单据寄交给开证银行（或开证银行指定的付款银行），以索取货款。

（7）偿付。开证银行（或开证银行指定的付款银行）审核有关单据，认为符合信用证要求的，即向议付银行偿付垫付的款项。

（8）交单。申请付款后，开证行将有关单据交给申请人。

（9）提货。开证申请人凭有关单证从承运人处提取货物。

信用证结算流程如图 3-25 所示。

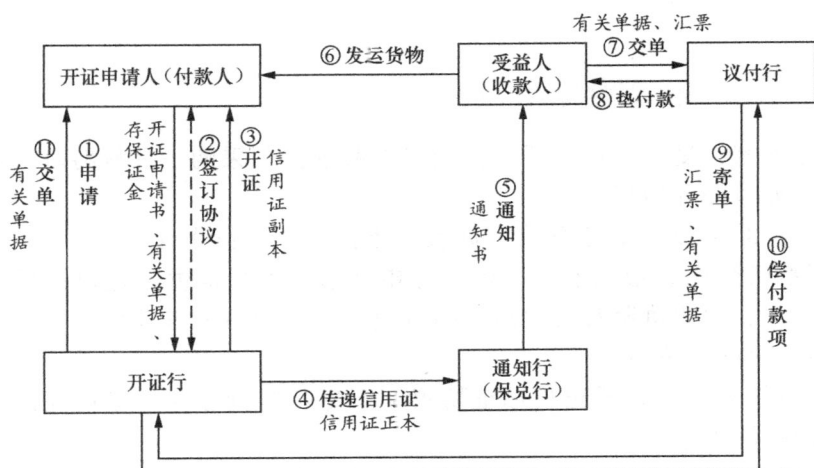

图 3-25　信用证结算流程图

三、信用证业务账务处理程序

1. 付款方账务处理程序

（1）付款方向银行申请开具信用证，并向银行缴纳保证金时，根据银行盖章退回的进账单第一联，会计分录如下。

借：其他货币资金——信用证保证金
　　贷：银行存款

（2）收到银行转来的境外销货单位信用证结算凭证以及所附发票账单、海关进口增值税专用缴款书等有关凭证时，会计分录如下。

借：原材料
　　应交税费——应交增值税（进项税额）
　　贷：其他货币资金——信用证保证金

（3）收到银行收款通知，退回信用证余款时，会计分录如下。

借：银行存款
　　贷：其他货币资金——信用证保证金

2．收款方账务处理程序

（1）出口方发货后，汇集全套单据向付款行或议付行交单，编制会计分录。

借：应收（外汇）账款

　　贷：主营业务收入

（2）银行审单相符后即支付货款，根据银行开具的结汇水单，编制会计分录。

借：银行存款——人民币户

　　贷：应收（外汇）账款

【知识链接】什么是结汇水单

银行的结汇水单一般包括两联，一联为贷记通知，是公司财务人员的记账凭证；另一联为出口收汇核销专用联，专为外汇局核销用。两联虽然各自名称不同，但内容基本相同。

任务实施

（1）任务内容：受采购员委托，需向境外摩顶公司采购一批材料时，齐天隆公司出纳员丁冬该如何办理信用证？

任务分析：3月23日，丁冬需要涉及以下操作办理信用证。

① 需要携带合同、形式发票、信用证申请书、海关提供的进口许可证（或开立信用证的说明）、营业执照及营业执照副本复印件到银行办理业务。

② 填写信用证申请书。

③ 银行审核无误后，开出信用证协议，丁冬将银行开立的信用证协议带回，经法人签字，加盖法人章。

④ 存信用证保证金 2 000 000 元，并填制进账单，在进账单第二联加盖预留银行印鉴。

⑤ 带回银行盖章退回的进账单第一联、银行盖章后的"信用证申请书"回单及信用证副本。

⑥ 传递凭证给制证员做账，并根据信用证申请书回单，登记银行存款日记账。

借：其他货币资金——信用证保证金　　　　　　　　　　　2 000 000

　　贷：银行存款　　　　　　　　　　　　　　　　　　　2 000 000

（2）任务内容：3月26日，收到银行转来的境外销货单位信用证结算凭证以及所附发票账单、海关进口增值税专用缴款书等有关凭证时，丁冬该如何处理？收到银行收账通知后，丁冬又该如何处理？

任务分析如下。

① 将银行转来的境外销货单位信用证结算凭证以及所附发票账单、海关进口增值税专用缴款书等有关凭证交给制证员做账。制证员编制的会计分录如下。

借：原材料　　　　　　　　　　　　　　　　　　　　　1 500 000

　　应交税费——应交增值税（进项税额）　　　　　　　　255 000

　　贷：其他货币资金——信用证保证金　　　　　　　　1 755 000

② 根据收到的银行收账通知，登记银行存款日记账。

借：银行存款　　　　　　　　　　　　　　　　　　　　　　245 000

　　贷：其他货币资金——信用证保证金　　　　　　　　　　　　　245 000

任务十二　银行存款的清查

任务引入

2015 年 3 月 30 日，丁冬对银行存款进行清查，银行存款日记账的余额为 6 400 000 元，银行存款对账单的余额为 9 300 000 元。经逐笔核对，发现以下未达账项。

（1）收到客户送存的转账支票 7 000 000 元，并已登记银行存款增加，但尚未到银行办理。

（2）企业开出转账支票 5 500 000 元，并已登记银行存款减少，但持票单位尚未到银行办理转账，银行尚未记账。

（3）企业委托银行代收某公司购货款 5 800 000 元，银行已收妥并登记入账，但企业尚未收到收款通知，尚未记账。

（4）银行代企业支付电话费 1 400 000 元，银行已登记减少企业银行存款，但企业未收到银行付款通知，尚未记账。

请问：丁冬该如何编制 2015 年 3 月企业的银行存款余额调节表。

相关知识

一、银行存款的清查方法和内容

银行存款的清查不是采用实地盘点法，而是使用对账单法。

银行存款清查的对账单法，是指企业将其银行存款日记账与开户银行送给该企业的对账单进行逐笔核对，查明有无未达账项及其具体情况的财产清查方法。企业在采用对账单法对银行存款清查之前，应先检查本企业银行存款记录的完整性和余额，然后将银行送来的对账单上所记录的银行存款收付记录与本企业银行存款日记账中所登记的收付记录逐笔核对，查明银行存款的实有数额。

二、银行存款日记账与银行对账单的核对

银行存款日记账应定期与银行对账单核对，至少每月核对一次。实际工作中，企业的银行存款日记账的余额与对账单的余额往往不一致，这可能是由以下两个原因导致的：一是企业与其开户银行双方或其中一方记账有误；二是存在未达账项。

1．未达账项

所谓未达账项，是指企业与银行之间对于同一项业务，由于取得凭证的时间不同，而发生的一方已经取得凭证并已登记入账，而另一方由于没有取得凭证而尚未入账的款项。

未达账项一般有以下4种情形。

（1）银行已经收款入账，而企业尚未收到银行的收账通知因而尚未入账的款项，如外地某单位给本单位汇来的款项，银行收到汇款后，马上登记企业银行存款的增加，而此时企业尚未收到汇款凭证，未记银行存款的增加，如果此时对账，形成了"银行已收、企业未收"的未达账项。

（2）银行已经付款入账，而企业尚未收到银行的付款通知因而未付款入账的款项，如借款利息的扣付、托收无承付等。

（3）企业已经收款入账，而银行尚未办理完转账手续因而未收款入账的款项，如收到外单位的转账支票尚未到银行办理转账等。

（4）企业已经付款入账，而银行尚未办理完转账手续因而未付款入账的款项，如企业已开出支票而持票人尚未向银行提现或转账等。

出现第1种和第4种情况时，会使开户单位银行存款账面余额小于银行对账单的存款余额；出现第2种和第3种情况时，会使开户单位银行存款账面余额大于银行对账单的存款余额。无论出现哪种情况，都会使开户单位存款余额与银行对账单存款余额不一致。对此，必须编制银行存款余额调节表进行调节。

2. 银行存款余额调节表的编制

在与银行对账时，应首先查明有无未达账项，如果有未达账项就应该采取编制银行存款余额调节表的方式，对企业和开户银行双方的银行存款账面余额进行调整，以消除未达账项的存在对企业银行存款日记账账面余额和银行对账单余额的影响。银行存款余额调节表是为了核对企业与其开户银行双方记录的企业银行存款账面余额而编制的，列示双方未达账项的一种表格，其格式如表3-55所示。

表 3-55　　　　　　　　　　银行存款余额调节表

项目	金额	项目	金额
企业银行存款日记账余额		银行对账单余额	
加：银行已收、企业未收款		加：企业已收、银行未收款	
减：银行已付、企业未付款		减：企业已付、银行未付款	
调节后的存款余额		调节后的存款余额	

应该注意的是，企业不应该也不需要根据调节后的余额调整银行存款日记账的余额，银行存款余额调节表不能作为记账的原始依据。对于银行已经入账而企业尚未入账的未达账项，企业应在收到有关结算凭证后再进行有关账务处理。

你问我答：

银行存款余额调节表中"调节后的存款余额"代表什么含义？

任务实施

任务内容：2015年3月30日，丁冬对银行存款进行清查，经过逐笔核对，发现一些未达账项，该如何处理？

任务分析：丁冬应该先分析这些未达账项的属性。

（1）收到客户送存的转账支票，但尚未到银行办理，属于未达账项"企业已收、银行未收"。

（2）企业开出转账支票，但持票单位尚未到银行办理转账，属于未达账项"企业已付、银行未付"。

（3）银行已收妥并登记入账，但企业尚未收到收款通知的款项，属于未达账项"银行已收、企业未收"。

（4）银行已登记减少企业银行存款，但企业未收到银行付款通知的款项，属于未达账项"银行已付、企业未付"。

然后，丁冬应编制的 2015 年 3 月的银行存款余额调节表如表 3-56 所示。

表 3-56　　　　　　　　　银行存款余额调节表

项目	金额（元）	项目	金额（元）
企业银行存款日记账余额	6 400 000	银行对账单余额	9 300 000
加：银行已收、企业未收款	5 800 000	加：企业已收、银行未收款	7 000 000
减：银行已付、企业未付款	1 400 000	减：企业已付、银行未付款	5 500 000
调节后的存款余额	10 800 000	调节后的存款余额	10 800 000

岗位能力训练

一、课堂讨论

1. 结算方式有哪些？各种结算方式分别在什么情况下使用？

2. 哪些结算方式需要配合使用？

二、单项选择

1. 甲、乙均为国有企业，甲向乙购买一批货物，约定采用托收承付验货付款结算方式。2014 年 10 月 1 日，乙办理完发货手续，发出货物；10 月 2 日，乙到开户行办理托收手续；10 月 15 日，运输部门向甲发出提货通知；10 月 20 日，甲向开户行表示承付，通知银行付款。则承付期的起算时间是（　　　）。

　　A. 10 月 2 日　　　B. 10 月 3 日　　　C. 10 月 16 日　　　D. 10 月 21 日

2. 依据《票据法》的规定，下列票据中，需要提示承兑的是（　　　）。

　　A. 支票　　　　　　　　　　　B. 本票

　　C. 见票后定期付款的汇票　　　D. 银行汇票

3. 甲公司向乙公司开出面值 80 万元的银行汇票，出票日为 2015 年 3 月 16 日，该票据提示付款的期限为（　　　）。

　　A. 到期之日起 10 天　　　　　B. 出票之日起 1 个月

　　C. 出票之日起 10 天　　　　　D. 到期之日起 1 个月

4. 根据《人民币银行结算账户管理办法》的规定，存款人更改名称，但不改变开户银行及账号的，应于一定期限内向开户银行提出银行结算账户的变更申请，并出具有关部门的证明。该期限为（　　　）。

A. 2 个工作日内   B. 3 个工作日内

C. 5 个工作日内   D. 10 个工作日内

5. 根据《人民币银行结算账户管理办法》的规定，下列情形中，存款人不必向开户银行提出撤销银行结算账户申请的是（   ）。

A. 办理停业税务登记的   B. 被撤并、解散、宣告破产或关闭的

C. 注销、被吊销营业执照的   D. 因迁址需要变更开户银行的

6. 2015 年 6 月 1 日，田某使用银行卡支付某宾馆住宿费 2 万元。根据银行卡业务管理规定，银行办理该银行卡首单业务收取的结算手续费不得低于（   ）元。

A. 2   B. 200   C. 400   D. 600

7. 根据规定，付款人在托收承付期限内，不可向银行提出全部或部分拒绝付款的情况是（   ）。

A. 未按合同规定的到货地址发货的款项

B. 代销、寄销、赊销商品的款项

C. 验单付款，所列货物的规格与合同规定相符的款项

D. 验货付款，经查验货物与发货清单不符的款项

8. 下列关于委托收款的特征的表述中，不符合法律规定的是（   ）。

A. 委托收款在同城、异地均可以使用

B. 办理委托收款应向银行提交委托收款凭证和有关的债务证明

C. 以单位为付款人的，银行应当在对接到寄来的委托收款凭证及债务证明审查无误后，当日将款项主动支付给收款人

D. 付款人审查有关债务证明后，需要拒绝付款的，可以办理拒绝付款

9. 下列关于汇兑的特征的表述中，不符合法律规定的是（   ）。

A. 单位和个人各种款项的结算，均可使用汇兑结算方式

B. 汇款回单作为该笔汇款已转入收款人账户的证明

C. 汇款人对汇出银行尚未汇出的款项可以申请撤销

D. 汇入银行对于收款人拒绝接受的汇款，应即时办理退汇

10. 甲为国有企业，乙为供销合作社，乙向甲购买一批货物，约定采用托收承付验单付款的结算方式。2015 年 3 月 1 日，甲办理完发货手续，发出货物；3 月 2 日，甲到开户行办理托收手续；3 月 10 日，乙的开户银行发出承付通知；3 月 12 日，乙向开户行表示承付，通知银行付款。则承付期的起算时间是（   ）。

A. 3 月 2 日   B. 3 月 3 日   C. 3 月 11 日   D. 3 月 12 日

11. 根据银行卡交易的基本规定，贷记卡的首月最低还款额不得低于其当月透支余额的（   ）。

A. 5%   B. 10%   C. 15%   D. 30%

12. 信用证的有效期为受益人向银行提交单据的期限，最长不得超过（   ）。

A. 2 个月   B. 3 个月   C. 6 个月   D. 9 个月

13. 关于票据结算的相关规定，下列说法不正确的是（   ）。

A. 票据有支付、汇兑、信用、结算和融资功能

B. 票据的当事人分为基本当事人和非基本当事人

C. 票据权利包括追索权和付款请求权，追索权是第一顺序的权利，付款请求权是第二顺序的权利

D. 出票人在票据上的签章不符合法律规定的，票据无效

14. 下列说法中不正确的是（　　）。

A. 个人银行卡账户可以出租、出借

B. 临时存款账户的有效期限最长不得超过 2 年

C. 单位银行卡账户的资金必须由其基本存款账户转账存入，该账户不得办理现金收付业务

D. 财政预算外资金、证券交易结算资金、期货交易保证金和信托基金专用存款账户不得支取现金

15. 根据《支付结算办法》的规定，下列款项中，不能办理托收承付结算的是（　　）。

A. 商品交易取得的款项

B. 因商品交易而产生的劳务供应的款项

C. 因寄售商品而产生的款项

D. 因运送商品而产生的款项

16. 下列关于银行汇票的表述中，不正确的是（　　）。

A. 银行汇票的实际结算金额不得更改，且不得超过出票金额

B. 持票人向银行提示付款时，须同时提交银行汇票和解讫通知

C. 银行汇票的提示付款期限是自出票日起 1 个月

D. 申请人或者收款人为单位的，可以申请使用现金银行汇票

17. 下列各项中，按照是否可以透支对银行卡进行分类的是（　　）。

A. 磁条卡与芯片卡　　　　　　　　B. 借记卡与信用卡

C. 单位卡与个人卡　　　　　　　　D. 贷记卡与准贷记卡

三、多项选择

1. 根据规定，签发汇兑凭证必须记载的事项有（　　）。

A. 无条件支付的委托　　　　　　　B. 收款人名称

C. 委托日期　　　　　　　　　　　D. 汇款人签章

2. 根据《票据法》的规定，下列关于银行汇票的描述中，正确的有（　　）。

A. 收款人不得将银行汇票背书转让给他人

B. 代理人代理付款人付款，将款项支付给持票人

C. 持票人超过提示付款期限提示付款的，代理付款人不予受理

D. 银行汇票的提示付款期限是自出票日起 1 个月

3. 下列关于办理支票的程序的表述中，不符合法律规定的有（　　）。

A. 支票的金额、收款人名称可以由出票人授权补记

B. 出票人不可以在支票上记载自己为收款人

C. 支票的提示付款期限为自出票日起 1 个月

D. 支票的出票人签发支票的金额不得超过付款时其在付款人处实有的存款金额

4. 下列关于票据背书连续的表述中，正确的有（　　）。

A. 在背书连续中，第一背书人为票据付款人，最后持票人为最后背书的被背书人，中间的背书人为前手背书的被背书人

B. 持票人以背书的连续证明其票据权利

C. 背书连续是指转让票据的背书人与受让票据的被背书人在票据上的签章依次前后衔接

D. 在背书连续中，若加附粘单，则粘单上的第一记载人应当在票据和粘单的粘接处签章

5. 根据《票据法》的规定，下列人员中，对行使付款请求权的持票人负有付款义务的有（   ）。

A. 支票的付款人   B. 汇票的承兑人

C. 银行本票的出票人   D. 汇票的背书人

6. 根据《人民币银行结算账户管理办法》的规定，下列业务中可以办理临时存款账户的有（   ）。

A. 设立临时机构   B. 异地临时经营活动

C. 注册验资、增资   D. 粮、棉、油收购资金

7. 下列关于票据的提示付款期限的表述中，符合法律规定的有（   ）。

A. 银行汇票的提示付款期限为自出票日起 1 个月

B. 商业汇票的提示付款期限是自汇票到期日起最长不超过 6 个月

C. 银行本票的提示付款期限是自出票日起最长不得超过 2 个月

D. 支票的提示付款期限是自出票日起 10 日

8. 下列对银行本票使用的表述中，符合法律规定的有（   ）。

A. 注明"现金"字样的银行本票可以用于支取现金

B. 银行本票只限于单位使用，个人不得使用银行本票

C. 收款人可以将银行本票背书转让给被背书人

D. 本票的出票人在持票人提示见票时，必须承担付款的责任

9. 关于汇票的提示付款期限，下列说法中正确的有（   ）。

A. 见票即付的票据无需提示付款

B. 见票即付的汇票，自出票日起 1 个月内向付款人提示付款

C. 定日付款的汇票，自到期日起 10 日内向承兑人提示付款

D. 见票后定期付款的汇票，自到期日起 10 日内向承兑人提示付款

10. 下列说法中，正确的有（   ）。

A. 对票据和结算凭证上的其他记载事项，原记载人可以更改，更改时由原记载人视情况在更改处签章证明

B. 票据和结算凭证金额以中文大写和阿拉伯数码同时记载，二者必须一致

C. 票据和结算凭证上的签章和其他记载事项应当真实，不得伪造、变造

D. 单位、个人和银行办理支付结算，必须使用按中国人民银行统一规定印制的票据凭证和结算凭证

11. 关于账户违法行为的下列说法中，正确的有（   ）。

A. 存款人出租、出借银行卡账户应承担法律责任

    B. 伪造、变造证明文件欺骗银行开立银行结算账户构成犯罪的，移交司法机关依法追究刑事责任

    C. 伪造、变造、私自印制开户许可证的，均处以 1 万元以上 3 万元以下的罚款

    D. 伪造、变造、私自印制开户许可证构成犯罪的，移交司法机关依法追究刑事责任

12. 下列各项中，属于持卡人持贷记卡办理刷卡消费等非现金交易享受的优惠有（　　　）。

    A. 免息还款期待遇　　　　　　　　　　B. 免年费待遇

    C. 最低还款额待遇　　　　　　　　　　D. 免收账户维护费待遇

13. 根据《支付结算办法》的规定，下列各项中，属于无效票据的有（　　　）。

    A. 更改签发日期的票据

    B. 更改使用用途的票据

    C. 中文大写金额和阿拉伯数码金额不一致的票据

    D. 更改金额的票据

14. 根据人民币银行结算账户管理的有关规定，存款人申请开立的下列人民币银行结算账户中，应当报送中国人民银行当地分支行核准的有（　　　）。

    A. 预算单位专用存款账户　　　　　　　B. 临时存款账户

    C. 个人存款账户　　　　　　　　　　　D. 一般存款账户

15. 根据《银行卡业务管理办法》的规定，发卡银行对下列银行卡账户内的存款不计付利息的有（　　　）。

    A. 准贷记卡　　　　B. 借记卡　　　　C. 贷记卡　　　　D. 储值卡

四、案例分析

1. 甲企业从乙企业购进一批设备，价款为 400 万元，甲企业开出一张由甲企业为出票人和付款人、乙企业为收款人，付款期限为 6 个月的商业承兑汇票，同时丙企业为该汇票提供了担保，保证甲企业到期承兑该汇票。付款期满后，由于甲企业财务发生困难，无款支付，乙企业要求丙企业支付该款，但丙企业拒绝付款。丙企业是否要支付该笔款项？为什么？

2. 6 月 8 日，公司向甲厂购买一批原材料，财务部向乙银行提出申请，并由乙银行为其签发了一张价值 40 万元、收款人为甲厂的银行汇票。由于物价上涨等因素，该批原材料实际结算金额为 45 万元，甲厂按照 45 万元填写了结算金额并在汇票上签章。甲厂在 6 月 14 日向乙银行提示付款，被拒绝受理。乙银行拒绝受理甲厂的提示付款请求是否符合规定？说明理由。

五、实务操作

1. 2015 年 3 月 1 日，因销售科长出差预借差旅费，公司出纳准备到银行提取现金 10 000 元。

要求：根据上述业务填制转账支票。

2. 收到致远公司支付货款的转账支票一张。

要求：根据上述业务填制银行进账单。

3. 2015 年 3 月 8 日，齐天隆公司因向恒裕公司购买材料，需要办理银行汇票 20 000 元，请问该单位出纳人员应如何办理？银行汇票申请书应如何填制？

对方单位资料：工业制造企业，增值税一般纳税人，增值税税率为 17%，纳税人识别号为 140107719850987，地址为海口市纳华路 65 号，开户银行及账号为工行三分行 3456735478。

银行汇票申请书（存　根）　①　No. 000376

申请日期　　年　　月　　日

申请人		收款人											此联申请人留存
账 号或住址		账 号或住址											
用 途		代理付款行											
款项金额	人民币（大写）		万	千	百	十	万	千	百	十	元	角	分	
备注：		科目 _____对方科目 _____财务主管　复核　经办											

4. 2015 年 3 月 9 日，齐天隆公司从恒丰公司购入一批原材料，共计货款 11 700 元，现企业出纳人员到开户行办理信汇，请问他该如何办理？信汇凭证该如何填制？

对方单位资料：工业制造企业，增值税一般纳税人，增值税税率为 17%，纳税人识别号为 140107719850987，地址为太原市解放路 28 号，开户银行及账号为工行三分行 2010035478。

中国工商银行　电汇凭证（回单）

第　　　号

委托日期　　年　　月　　日　　应解汇款编号

汇款人	全称		收款人	全称									此联给付款人的回单
	账号或住址			账号或住址									
	汇出地点	汇出行名称		汇入地点	汇入行名称								
金额	人民币（大写）		千	百	十	万	千	百	十	元	角	分	
汇款用途：		留行待取预留收款人印鉴											
款项已收入收款人账户汇入行盖章　年　月　日		款项已收妥收款人盖章　年　月　日	账户（借）_____对方账户（贷）_____汇入行解汇日期　年　月　日复核　　出纳记账										

5. 2015 年 3 月 10 日，齐天隆公司销售给荣华公司一批商品，货物已发出，货款共计 23 400 元。请问出纳人员该如何办理委托收款？委托收款凭证该如何填制？

对方单位资料：工业制造企业，增值税一般纳税人，增值税税率为 17%，纳税人识别号为 140107719850987，地址为南海市繁荣路 56 号，开户银行及账号为工行三分行 6750035478。

委收号码：

委 托 收 款 凭 证（收账通知）

委邮　　　　　　　　　　　　　　　　4

委托日期：　　年　月　日

收款单位	全称			付款单位	全称									
	账号或地址				账号或地址									
	开户银行		行号		开户银行									
委收金额	人民币（大写）					千	百	十	万	千	百	十	元	角	分
款项内容		委托收款凭据名称			附寄单证张数									
备注		上列款项已全部划回收入你单位账户。（开户银行盖章）　　　年　月　日			科目（借）：对方科目（贷）：转账　年　月　日　　会计　复核　记账									

此联收款单位开户行给收款单位的收账通知

单位主管：　　　　　会计：　　　　　复核：

6. 2015 年 3 月 12 日，重庆开元公司开出的银行承兑汇票 00678934 即将到期，到期日为 3 月 19 日。出纳员应如何处理？委托收款凭证应如何填制？

对方单位资料：纳税人识别号为 14010771985 0987，地址为重庆市解放路 109 号，开户银行及账号为工行三分行 3310035478。

中国工商银行托收凭证　　　　1

委托日期：　　年　月　日

业务类型	委托收款（邮划　电划）		托收承付（邮划　电划）											
付款人	全称		收款人	全称										
	账号			账号										
	地址			地址										
金额人民币（大写）				千	百	十	万	千	百	十	元	角	分	
款项内容	托收凭据名称		附寄单证张数				张							
商品发运情况			合同名称编码											
备注：	收款人开户银行受理日期　　　年　月　日		收款人开户银行结算章　　　年　月　日											

此联收款人开户银行受理回单

项目四

涉税业务

【学习目标】

知识目标：能掌握税务登记的相关知识；能掌握办理纳税申报的程序；能掌握发票的相关规定。

技能目标：会办理开业及变更税务登记；会办理纳税申报；会填制及管理凭证、发票。

情感目标：培养规范细致的工作作风；培养服务意识、诚信意识。

任务一　税务登记

任务引入

由于企业发展的需要，2015年3月1日齐天隆公司扩大了经营范围，需要到税务机关办理变更税务登记。

相关知识

一、设立登记

税务登记是整个税收征收管理的首要环节，是税务机关对纳税人的基本情况及生产经营项目进行登记管理的一项基本制度，也是纳税人已经纳入税务机关监督管理的一项证明。根据法律、法规规定，具有应税收入、应税财产或应税行为的各类纳税人，都应依照有关规定办理税务登记。

1. 办理税务登记的时限

从事生产、经营的纳税人应当自领取工商营业执照，或者自有关部门批准设立之日起 30 日内，或者自纳税义务发生之日起 30 日内，到税务机关领取税务登记表，填写完整后提交税务机关，办理税务登记。

2. 办理税务登记的地点

纳税人办理税务登记的地点如表 4-1 所示。

表 4-1　　　　　　　　　　纳税人办理税务登记的地点

纳税人	办理税务登记的地点
企业、事业单位	向当地主管国家税务机关申报办理税务登记
企业、事业单位跨县（市）、区设立的分支机构和从事生产经营的场所	除总机构向当地主管国家税务机关申报办理税务登记外，分支机构还应当向其所在地主管国家税务机关申报办理税务登记
有固定生产经营场所的个体工商户	向经营地主管国家税务机关申报办理税务登记
流动经营的个体工商户	向户籍所在地主管国家税务机关申报办理税务登记
对未领取营业执照从事承包、租赁经营的纳税人	向经营地主管国家税务机关申报办理税务登记

3. 办理税务登记需要提供的资料

纳税人在申报办理税务登记时，应当根据不同情况向税务机关如实提供以下证件和资料。

（1）工商营业执照或其他核准执业证件。

（2）有关合同、章程、协议书。

（3）组织机构统一代码证书。

（4）法定代表人、负责人或业主的居民身份证、护照或者其他合法证件。

其他需要提供的有关证件、资料，由省、自治区、直辖市税务机关确定。

4. 税务登记表

纳税人在申报办理税务登记时，应当如实填写税务登记表。空白税务登记表如表 4-2 所示。

税务登记表的主要内容如下。

（1）单位名称、法定代表人或者业主姓名及其居民身份证、护照或者其他合法证件的号码。

（2）住所、经营地点。

（3）登记类型。

（4）核算方式。

（5）生产经营方式。

（6）生产经营范围。

（7）注册资金（资本）、投资总额。

（8）生产经营期限。

（9）财务负责人、联系电话。

（10）国家税务总局确定的其他有关事项。

表 4-2 税务登记表

（适用单位纳税人）

填表日期：

纳税人名称			纳税人识别号		
登记注册类型			批准设立机关		
组织机构代码			批准设立证明或文件号		
开业（设立）日期		生产经营期限	证照名称		证照号码
注册地址			邮政编码		联系电话
生产经营地址			邮政编码		联系电话
核算方式	请选择对应项目打"√" □独立核算 □非独立核算		从业人数	_____其中外籍人数_____	
单位性质	请选择对应项目打"√" □企业 □民办非企业单位		□事业单位 □社会团体 □其他		
网站网址			国标 行业	□□ □□ □□ □□	
适用会计制度	请选择对应项目打"√" □企业会计制度 □小企业会计制度 □金融企业会计制度 □行政事业单位会计制度				
经营范围		请将法定代表人（负责人）身份证件复印件粘贴在此处。			

项目 内容 联系人	姓 名	身份证件		固定电话	移动电话	电子邮箱
		种类	号码			
法定代表人（负责人）						
财务负责人						
办税人						
税务代理人名称		纳税人识别号		联系电话		电子邮箱

续表

注册资本或投资总额	币种	金额	币种	金额	币种	金额

投资方名称	投资方经济性质	投资比例	证件种类	证件号码		国籍或地址

自然人投资比例		外资投资比例		国有投资比例	
分支机构名称		注册地址		纳税人识别号	

总机构名称		纳税人识别号	
注册地址		经营范围	

法定代表人姓名		联系电话		注册地址邮政编码	

代扣代缴代收代缴税款业务情况	代扣代缴、代收代缴税款业务内容	代扣代缴、代收代缴税种

附报资料：

经办人签章： 年　月　日	法定代表人（负责人）签章： 年　月　日	纳税人公章： 年　月　日

以下由税务机关填写：

纳税人所处街乡				隶属关系	
国税主管税务局		国税主管税务所（科）		是否属于国税、	
地税主管税务局		地税主管税务所（科）		地税共管户	
经办人(签章)： 国税经办人：…… 地税经办人：…… 受理日期： 　年　月　日		国家税务登记机关 （税务登记专用章）： 核准日期： 　　年　月　日 国税主管税务机关：		地方税务登记机关 （税务登记专用章）： 核准日期： 　　年　月　日 地税主管税务机关：	
国税核发《税务登记证副本》数量：　　本　发证日期：　　年　月　日					
地税核发《税务登记证副本》数量：　　本　发证日期：　　年　月　日					

　　纳税人提交的证件和资料齐全且税务登记表的填写内容符合规定的，税务机关应当日办理并发放税务登记证件。纳税人提交的证件和资料不齐全或税务登记表的填写内容不符合规定的，税务机关应当场通知其补正或重新填报。

　　税务登记证件的主要内容包括：纳税人名称、税务登记代码、法定代表人或负责人、生产经营地址、登记类型、核算方式、生产经营范围（主营、兼营）、发证日期、证件有效期等。

二、变更登记

　　纳税人税务登记内容发生变化的，应当向原税务登记机关申报办理变更税务登记。

　　（1）纳税人已在工商行政管理机关办理变更登记的，应当自工商行政管理机关变更登记之日起 30 日内，向原税务登记机关如实提供下列证件、资料，申报办理变更税务登记：

　　① 工商登记变更表及工商营业执照；

　　② 纳税人变更登记内容的有关证明文件。

　　③ 税务机关发放的原税务登记证件（登记证正、副本和登记表等）。

　　④ 其他有关资料。

　　（2）纳税人按照规定不需要在工商行政管理机关办理变更登记，或者其变更登记的内容与工商登记内容无关的，应当自税务登记内容实际发生变化之日起 30 日内，或者自有关机关批准或者宣布变更之日起 30 日内，持下列证件到原税务登记机关申报办理变更税务登记。

　　① 纳税人变更登记内容的有关证明文件。

　　② 税务机关发放的原税务登记证件（登记证正、副本和税务登记表等）。

　　③ 其他有关资料。

　　纳税人提交的有关变更登记的证件、资料齐全的，应如实填写税务登记变更表，符合规定的，税务机关应当日办理；不符合规定的，税务机关应通知其补正。

　　税务机关应当于受理当日办理变更税务登记。纳税人税务登记表和税务登记证中的内容都发生变更的，税务机关按变更后的内容重新发放税务登记证件；纳税人税务登记表的内容发生变更而税务登记证中的内容未发生变更的，税务机关不重新发放税务登记证件。

　　空白变更税务登记表如表4-3所示。

表 4-3　　　　　　　　　　　　　变更税务登记表

纳税人名称			纳税人识别号	
变更登记事项				
序号	变更项目	变更前内容	变更后内容	批准机关名称及文件

送交证件情况：

纳税人 经办人： 　　年　月　日	法定代表人（负责人）： 　　年　月　日	纳税人（签章） 　　年　月　日
国税主管税务机关审核意见： 经办人： 　　税务机关（签章） 　　　年　月　日		地税主管税务机关审核意见： 经办人： 　　税务机关（签章） 　　　年　月　日

三、停业、复业登记

　　停业、复业登记是纳税人暂停和恢复生产经营活动而办理的税务登记。

　　实行定期定额征收方式的个体工商户需要停业的，应当在停业前向税务机关申报办理停业登记。纳税人的停业期限不得超过一年。

　　纳税人在申报办理停业登记时，应如实填写停业复业报告书，说明停业理由、停业期限、停业前的纳税情况和发票的领、用、存情况，并结清应纳税款、滞纳金、罚款。税务机关应收存其税务登记证件及副本、发票领购簿、未使用完的发票和其他税务证件。

你问我答：
纳税人停业都需要办理停业登记吗？

　　纳税人在停业期间发生纳税义务的，应当按照税收法律、行政法规的规定申报缴纳税款。

纳税人应当于恢复生产经营之前，向税务机关申报办理复业登记，如实填写停业复业报告书，领回并启用税务登记证件、发票领购簿及其停业前领购的发票。纳税人停业期满不能及时恢复生产经营的，应当在停业期满前到税务机关办理延长停业登记，并如实填写停业复业报告书。

四、注销登记

纳税人发生解散、破产、撤销以及其他情形，依法终止纳税义务的，应当在向工商行政管理机关或者其他机关办理注销登记前，持有关证件和资料向原税务登记机关申报办理注销税务登记；按规定不需要在工商行政管理机关或者其他机关办理注册登记的，应当自有关机关批准或者宣告终止之日起15日内，持有关证件和资料向原税务登记机关申报办理注销税务登记。

纳税人被工商行政管理机关吊销营业执照或者被其他机关予以撤销登记的，应当自营业执照被吊销或者被撤销登记之日起15日内，向原税务登记机关申报办理注销税务登记。

纳税人因住所、经营地点变动，涉及改变税务登记机关的，应当在向工商行政管理机关或者其他机关申请办理变更、注销登记前，或者住所、经营地点变动前，持有关证件和资料，向原税务登记机关申报办理注销税务登记，并自注销税务登记之日起30日内向迁达地税务机关申报办理税务登记。

境外企业在中国境内承包建筑、安装、装配、勘探工程和提供劳务的，应当在项目完工、离开中国前15日内，持有关证件和资料，向原税务登记机关申报办理注销税务登记。

纳税人办理注销税务登记前，应当向税务机关提交相关证明文件和资料，结清应纳税款、多退（免）税款、滞纳金和罚款，缴销发票、税务登记证件和其他税务证件，经税务机关核准后，办理注销税务登记手续。

五、外出经营报验登记

纳税人到外县（市）临时从事生产经营活动的，应当在外出生产经营以前，持税务登记证到主管税务机关开具《外出经营活动税收管理证明》（简称《外管证》）。

税务机关按照一地一证的原则，发放《外管证》，《外管证》的有效期限一般为30天，最长不得超过180天。

纳税人应当在《外管证》注明地进行生产经营前向当地税务机关报验登记，并提交税务登记证件副本和《外管证》。

纳税人在《外管证》注明地销售货物的，除提交以上证件、资料外，应如实填写外出经营货物报验单，申报查验货物。

纳税人外出经营活动结束后，应当向经营地税务机关填报外出经营活动情况申报表，并结清税款、缴销发票。

纳税人应当在《外管证》有效期届满后10日内，持《外管证》回原税务登记地税务机关办理《外管证》缴销手续。

六、法律责任

纳税人违反税务登记管理制度的行为及相应的法律责任如表 4-4 所示。

表 4-4   **违反税务登记管理制度的行为及相应的法律责任**

违反税务登记管理制度的行为	法律责任
未按规定申报办理税务登记	可以处 2 000 元以下的罚款；情节严重的，处 2 000 元以上 1 万元以下的罚款
未按规定申报办理变更税务登记	
未按规定申报办理注销税务登记	
不按规定使用税务登记	可以处 2 000 元以上 1 万元以下的罚款；情节严重的，处 1 万元以上 5 万元以下的罚款
转借、涂改、损毁、买卖、伪造税务登记证件	
纳税人通过提供虚假的证明资料等手段，骗取税务登记证	处 2 000 元以下的罚款；情节严重的，处 2 000 元以上 1 万元以下的罚款

📖 **任务实施**

任务内容：2015 年 3 月 1 日，因扩大经营范围，齐天隆公司出纳需要到国家税务机关办理变更税务登记。

任务分析：自工商行政管理机关办理变更登记之日起 30 日内，持有关证件向原主管国家税务机关提出变更登记书面申请报告，填报变更税务登记表。

填制完成后的变更税务登记表如表 4-5 所示。

表 4-5   **变更税务登记表**

纳税人名称	齐天隆公司		纳税人识别号	370305164325678
变更登记事项				
序号	变更项目	变更前内容	变更后内容	批准机关名称及文件
1	经营范围	办公家具	办公家具、酒店家具、学校家具	

送交证件情况：原税务登记证正本、副本，工商营业执照

经办人：丁冬   法定代表人（负责人）：张震平   纳税人（签章）
2015 年 3 月 1 日   2015 年 3 月 1 日   2015 年 3 月 1 日

国税主管税务机关审核意见：	地税主管税务机关审核意见：
经办人：	经办人：
税务机关（签章）	税务机关（签章）
年　月　日	年　月　日

任务二 纳税申报

任务引入

丁冬需要办理 2015 年 3 月的增值税纳税申报。

相关知识

一、纳税申报的含义

纳税申报是指纳税人、扣缴义务人为了正确履行纳税义务，就纳税事项按照税法规定向税务机关提出书面申报的一种法定手续。它是纳税人依法纳税的一种手段，也是税务机关办理税款征收事项、审定应纳税额、开具纳税凭证、分析税源变化的主要依据。进行纳税申报是纳税人和扣缴义务人必须履行的义务。

二、纳税申报的内容

纳税申报的内容主要包括两个方面：一是纳税申报表或者代扣代缴、代收代缴税款报告表；二是与纳税申报有关的资料或证件。

纳税人和扣缴义务人在填报纳税申报表或代扣代缴、代收代缴税款报告表时，应将税种、税目、应纳税项目或者应代扣代缴、代收代缴税款项目，适用税率或单位税额，计税依据，扣除项目及标准，应纳税额或应代扣、代收税款，税款所属期限等内容逐项填写清楚。

纳税人办理纳税申报时，要报送的资料包括纳税申报表、财务报表和其他纳税资料。纳税申报表是由税务机关统一负责印制的由纳税人进行纳税申报的书面报告，其内容因纳税依据、计税环节、计算方法的不同而有所区别。财务报表是根据会计账簿记录及其他有关反映生产、经营情况的资料，按照规定的指标体系、格式和序列编制的用以反映企业、事业单位或其他经济组织在一定的时期内经营活动情况或预算执行情况结果的报告文件。不同纳税人由于其生产经营的内容不同，所使用的财务会计报表也不一样，需向税务机关报送的种类也不相同。其他纳税资料种类繁多，如与纳税有关的经济合同、协议书，固定工商业户外出经营税收管理证明，境内外公证机关出具的有关证件，个人工资及收入证明等。

你问我答：
纳税人在纳税期内没有应纳税款，需要办理纳税申报吗？

扣缴义务人办理纳税申报时，要报送的资料包括代扣代缴、代收代缴税款报告表和其他有关资料，通常包括代扣代缴、代收代缴税款的合法凭证，与代扣代缴、代收代缴税款有关的合同、协议书、公司章程等。

三、纳税申报的方式

纳税申报的方式主要有直接申报、邮寄申报和数据电文 3 种。

1. 直接申报

直接申报是指纳税人自行到税务机关办理纳税申报。这是一种传统的申报方式。

2. 邮寄申报

邮寄申报是指经过税务机关批准，纳税人和扣缴义务人将纳税申报表等有关纳税资料通过邮局寄送主管税务机关。

3. 数据电文

数据电文是指通过经税务机关确定的电话语音、电子数据交换和网络传输等电子方式办理纳税申报。例如，目前纳税人的网上申报，就是数据电文申报方式的一种形式。纳税人采取电子方式办理纳税申报的，应当按照税务机关规定的期限和要求保存有关资料，并定期书面报送主管税务机关。

四、纳税申报的期限

纳税人和扣缴义务人都必须按照税法规定的期限办理纳税申报。

缴纳增值税、消费税、营业税的纳税人，以一个月或者一个季度为一期纳税的，自期满之日起 15 日内申报纳税，以 1 天、3 天、5 天、10 天、15 天为一期纳税的，自期满之日起 5 日内预缴税款，于次月 1 日起至 15 日内申报并结算上月应纳税款。

企业所得税的纳税年度，自公历 1 月 1 日起至 12 月 31 日止。企业应当自月份或者季度终了之日起 15 日内，向税务机关报送预缴企业所得税纳税申报表，预缴税款。企业应当自年度终了之日起 5 个月内，向税务机关报送年度企业所得税纳税申报表，并汇算清缴，结清应缴应退税款。

个人所得税的扣缴义务人每月所扣的税款，应当在次月 7 日内缴入国库，并向主管税务机关报送扣缴个人所得税报告表、代扣代收税款凭证和包括每一纳税人姓名、单位、职务、收入、税款等内容的支付个人收入明细表以及税务机关要求报送的其他有关资料。年所得 12 万元以上的纳税人，在纳税年度终了后 3 个月内应自行向主管税务机关办理个人所得税纳税申报。

> **【知识链接】网上申报业务流程**
>
> （1）纳税人向税务机关提出网上申报纳税申请，经审批同意后，正式参与网上申报纳税。
>
> （2）纳税人向税务机关提供在银行已经开设的缴税账户，并保证账户中有足够用于缴税的资金。
>
> （3）纳税人与银行签署委托划款协议，委托银行划缴税款。
>
> （4）纳税人利用计算机和申报纳税软件制作纳税申报表，并通过电话网、互联网传送给税务机关的计算机系统。
>
> （5）税务机关将纳税人的应划缴税款信息，通过网络发送给有关的银行。由银行从纳税人的存款账户上划缴税款，并打印税收转账专用完税证。
>
> （6）银行将实际划缴的税款信息利用网络传送给税务机关的计算机系统。
>
> （7）税务机关接收纳税人的申报信息和税款划缴信息，打印税收汇总缴款书，

办理税款的入库手续。

（8）纳税人在方便的时候到银行营业网点领取税收转账完税证，进行会计核算。

五、法律责任

纳税人未按照规定的期限办理纳税申报的，或者扣缴义务人、代征人未按照规定的期限向国家税务机关报送代扣代缴、代收代缴税款报告表的，由国家税务机关责令限期改正，可处以 2 000 元以下的罚款；逾期不改正的，可处以 2 000 元以上 1 万元以下的罚款。

增值税一般纳税人不按规定申报并核算进项税额、销项税额和应纳税额的，除按上述规定处罚外，在一定期限内取消进项税额抵扣资格和专用发票使用权，其应纳增值税，一律按销售额和规定的税率计算征税。

任务实施

任务内容：丁冬需要办理 2015 年 3 月的增值税纳税申报。

任务分析：税法规定纳税人以 1 个月为一期纳税的，自期满之日起 15 日内申报纳税。齐天隆公司以 1 个月为一期纳税，则根据规定应在 4 月 15 日前向主管税务机关提供增值税纳税申报表（适用于增值税一般纳税人）及相关材料，申报缴纳增值税。

增值税纳税申报表略。

任务三　账簿、凭证及发票管理

任务引入

2014 年年底，丁冬需要将本年发生的凭证、账簿整理存档并妥善保管发票。

相关知识

一、账簿、凭证的保管

账簿是企业重要的档案，企业在会计年度开始的时候都要更换使用新的会计账簿，同时对旧账簿加以妥善保管。

1. 账簿的保管

在将所有的旧账、活页账对账完毕，并将所有的活页账装订完毕、加上封面、并由主管人员签字盖章之后，要及时地将所有的订本账及活页账交由档案人员造册归档。归档时，应编制会计账簿归档登记表以明确责任。

会计账簿应有一定的保管期限，就企业会计而言，一般日记账保管 15 年，现金和银行存款日记账保管 25 年，明细账和总账保管 15 年，固定资产卡片在固定资产清理报废后保管 5 年，辅助账簿保管 15 年，涉外和重大事项会计账簿永久保管。会计报表中，年度会计报表永久保管，月、季会计报表保管 5 年。

2．凭证的保管

保证会计凭证的安全与完整是全体财会人员的共同职责。在立卷存档之前，会计凭证的保管由财会部门负责，保管过程中应注意以下问题。

（1）会计凭证应及时传递，不得积压。

（2）凭证在装订以后存档以前，要妥善保管，防止受损、弄脏、霉烂以及鼠咬虫蛀等。

（3）对于性质相同、数量过多或各种随时需要查阅的原始凭证，如收、发料单，工资单等，可以单独装订保管，在封面上注明记账凭证种类、日期、编号，同时在记账凭证上注明"附件另订"和原始凭证的名称及编号。

（4）各种经济合同和涉外文件等凭证，应另编目录，单独装订保存，同时在记账凭证上注明"附件另订"。

（5）原始凭证不得外借。若其他单位和个人经本单位领导批准调阅会计凭证，要填写会计档案调阅表，详细填写借阅会计凭证的名称、调阅日期、调阅人姓名和工作单位、调阅理由、归还日期、调阅批准人等。调阅人员一般不准将会计凭证携带外出。需复制的，要说明所复制的会计凭证名称、张数，经本单位领导同意后在本单位财会人员监督下进行，并应登记与签字。

（6）会计凭证装订成册后，应由专人负责分类保管，年终应登记归档。就企业会计而言，国家规定会计凭证保管期限为 15 年，其中，涉及外事和重大事项的会计凭证永久保管。

你问我答：

保管期满的账簿、凭证可以自行销毁吗？

二、普通发票的管理

1．发票的领购

（1）纳税人在领取税务登记证件后，需使用发票的，应当提出购票申请，提供经办人身份证明、税务登记证件或者其他有关证明，以及财务印章或者发票专用章印模，经主管税务机关审核后，发给发票领购簿。领购发票的单位和个人凭发票领购簿上核准的种类、数量以及购票方式，向主管税务机关领购发票。

（2）固定业户到外县（市）销售货物的，应当凭机构所在地国家税务机关填发的《外出经营活动税收管理证明》向经营地国家税务机关申请领购或者填开经营地的普通发票。申请领购发票时，应当提供保证人或者根据所领购发票的票面限额及数量缴纳不超过 1 万元的发票保证金，并限期缴销发票。按期缴销发票的，解除保证人的担保义务或者退还保证金；未按期缴销发票的，由保证人承担法律责任或者收缴保证金。

（3）依法不需要办理税务登记的纳税人以及其他未领取税务登记证的纳税人不得领购发票，需用发票时，可向经营地主管国家税务机关申请填开。申请填开时，应提供足以证明发生购销业务或者提供劳务服务以及其他经营业务活动方面的证明，对税法规定应当缴纳税款的，应当先缴税后开票。

纳税人在领购发票时，应注意下列问题。

① 不能向税务机关以外的单位和个人领购发票。

② 不能私售、倒买倒卖发票。

③ 不能贩运、窝藏假发票。

④ 不能向他人提供发票或者借用他人的发票。

⑤ 不能盗取（用）发票。

⑥ 其他按规定不能领购发票的行为。

2．发票的开具

单位和个人在发生销售商品、提供服务以及从事其他经营活动对外发生经营业务收取款项时，收款方必须向付款方开具发票；收购单位和扣缴义务人支付个人款项时，由付款方向收款方开具发票。但是，对向消费者个人零售小额商品或者提供零星服务的，可以免予逐笔填开发票。如果消费者索要，收款方不得以任何借口拒开发票或以其他凭证代替发票使用。

你问我答：
什么情况下由付款方向收款方开具发票？

开具发票必须遵循以下基本规定。

（1）发票只限于用票单位和个人自己填开使用，不得转借、转让、代开发票；未经国家税务机关批准不得拆本使用发票。

（2）单位和个人只能使用国家税务机关批准印制或购买的发票，不得用"白条"和其他票据代替发票，也不得自行扩大专用发票的使用范围。

（3）凡销售商品、提供劳务以及从事其他经营活动的单位和个人，对外发生经营业务收取款项，收款方应如实向付款方填开发票；特殊情况由付款方向收款方开具发票。

（4）使用发票的单位和个人必须在实现经营收入或者发生纳税义务时填开发票，未发生经营业务一律不准填开发票。

（5）单位和个人填开发票时，必须按照规定的时限、号码顺序填开。填写时必须项目齐全、内容真实、字迹清楚，全部联次一次复写，各联内容完全一致，并加盖单位财务印章或者发票专用章。

3．发票的鉴别

鉴别发票时主要关注以下几点。

（1）发票是否套印"全国统一发票监制章"。

（2）发票的底纹纸是否有真伪识别纹样。

（3）发票的式样是否按统一规定制定。各种发票的票样以及该发票相对应的防伪措施可在国家税务总局网站查询。

4．发票的保管

开具发票的单位和个人应当建立发票使用登记制度，设置发票登记簿，并定期向税务机关报告发票使用情况。发票的存放和保管应当按照税务机关的规定办理，不得丢失和损毁。如果丢失发票，则应当在当天报告主管税务机关并通过报刊等传播媒介公告作废，已经开具的发票存根联和发票登记簿应当保存 5 年；保存期满，报经税务机关查验后可以销毁。

5. 发票的缴销

（1）凡有下列情形之一的，应及时缴销或收缴其发票。

① 用票单位或个人超过规定的使用期限而未用的发票。

② 用票单位或个人发生合并、联营、分设、迁移、废业时，其已领购未使用的发票。

③ 用票单位或个人因某种原因暂时停业或歇业的。

④ 用票单位或个人有严重违反税务管理和发票管理行为的。

（2）发票缴销和收缴应履行的程序如下。

① 发生上述第①项情形的，由发票管理部门将其发票剪口作废，并填写发票缴销登记表。

② 发生上述第②项情形的，由用票单位和个人提出申请，按税务登记程序处理后，再由发票管理部门将其发票剪口作废，并填写发票缴销登记表，收回发票领购簿。

③ 发生上述第③项情形的，按停复业登记程序处理。

④ 发生上述第④项情形的，按规定程序进行处理后，将收缴或暂收的发票交由发票管理部门进行处理，并填写收缴或暂收缴发票登记表。

（3）凡有下列情形的，应及时销毁发票。

① 用票单位和个人已使用的保存期满的发票存根。

② 税务机关在税务稽查中发现的非法印制的发票和假发票。

③ 税务机关内部因发票换版而作废或其他原因损坏的发票。

> ▌【知识链接】发生"关、停、并、转"时未用完发票的处理 ▌
>
> 纳税人经营机构发生"关、停、并、转"时，应对自印或购领的发票进行清理。整本未使用的，应登记造册，向主管税务机关缴销。已使用整本发票中有部分未使用的空白发票，应在发票的各联上加盖"作废"章作废，同时做好发票的领用存报表。

三、增值税专用发票的管理

1. 增值税专用发票的领购

增值税一般纳税人凭发票领购簿、IC卡和经办人身份证明领购专用发票。一般纳税人有下列情形之一的，不得领购和开具专用发票。

（1）会计核算不健全，不能向税务机关准确提供增值税销项税额、进项税额、应纳税额数据及其他有关增值税税务资料的。

（2）有《税收征收管理法》规定的税收违法行为，拒不接受税务机关处理的。

你问我答：

增值税发票和普通发票有什么区别？

（3）有下列行为之一，经税务机关责令限期改正而仍未改正的。

① 虚开增值税专用发票。

② 私自印制专用发票。

③ 向税务机关以外的单位和个人买取专用发票。

④ 借用他人专用发票。

⑤ 未按规定开具专用发票。

⑥ 未按规定保管专用发票和专用设备。

有下列情形之一的，为未按规定保管专用发票和专用设备。

- 未设专人保管专用发票和专用设备。
- 未按税务机关要求存放专用发票和专用设备。
- 未将认证相符的专用发票抵扣联、认证结果通知书和认证结果清单装订成册。
- 未经税务机关查验，擅自销毁专用发票基本联次。

⑦ 未按规定申请办理防伪税控系统变更发行。

⑧ 未按规定接受税务机关检查。

有上列情形的，如已领购专用发票，主管税务机关应暂扣其结存的专用发票和 IC 卡。

2. 增值税专用发票的开具

（1）增值税专用发票的开具范围。增值税一般纳税人销售货物、提供应税劳务或服务，应向购买方开具专用发票。商业企业一般纳税人零售的烟、酒、食品、服装、鞋帽（不包括劳保专用部分）、化妆品等消费品不得开具专用发票。销售免税货物不得开具专用发票，法律、法规及国家税务总局另有规定的除外。

增值税小规模纳税人（以下简称小规模纳税人）需要开具专用发票的，可向主管税务机关申请代开。

（2）增值税专用发票的开具要求。增值税专用发票应按下列要求开具。

① 项目齐全，与实际交易相符。

② 字迹清楚，不得压线、错格。

③ 发票联和抵扣联加盖财务专用章或者发票专用章。

④ 按照增值税纳税义务发生时间开具。

对不符合上述要求的专用发票，购买方有权拒收。

3. 增值税专用发票的保管

增值税一般纳税人必须严格按规定保管和使用专用发票，对违反规定发生被盗、丢失专用发票的纳税人，按《税收征收管理法》和《发票管理办法》的规定，处以 1 万元以下的罚款，并可视具体情况，对丢失专用发票的纳税人，在一定期限内（最长不超过半年）停止领购专用发票，对纳税人申报遗失的专用发票，如发现非法代开、虚开问题的，该纳税人应承担偷税、骗税的连带责任。

纳税人丢失专用发票后，必须按规定程序向当地主管税务机关、公安机关报失。各地税务机关对丢失专用发票的纳税人按规定进行处罚。

任务实施

任务内容：2014 年底，丁冬需要将本年发生的凭证、账簿整理存档并妥善保管发票。

任务分析：丁冬应该按如下方法进行操作。

（1）账簿保管。将所有的活页账装订完毕、加具封面，并由主管人员签字盖章，编制会计账簿归档登记表，交由档案人员造册归档。

（2）凭证保管。数量过多、需要查阅的原始凭证，如收、发料单，工资单等，单独装订保管，在封面上注明记账凭证种类、日期、编号，同时在记账凭证上注明"附件另订"和原始凭证的名称及编号；各种经济合同和涉外文件等凭证，另编目录，单独装订保存，同时在记账凭证上注明"附件另订"。会计凭证装订成册后，由专人负责分类保管，年终应登记归档。

（3）发票保管。设置发票登记簿，并定期向税务机关报告发票使用情况。增值税专用发票设专人保管，设专柜妥善存放，将认证相符的专用发票抵扣联、认证结果通知书和认证结果清单装订成册。

岗位能力训练

一、课堂讨论

1. 办理税务登记时需要提供的资料有哪些？
2. 发票的鉴别有什么需要注意的地方？
3. 制造业企业的生产经营大致需要进行哪些税的申报缴纳工作？

二、单项选择

1. 下列时限符合税务管理规定的是（　　　）。

A. 从事生产、经营的纳税人应当自领取营业执照之日起 15 日内办理税务登记

B. 从事生产、经营的纳税人应当自领取营业执照之日起 30 日内办理税务登记

C. 从事生产、经营的纳税人应当自领取营业执照之日起 45 日内办理税务登记

D. 从事生产、经营的纳税人应当自领取营业执照之日起 60 日内办理税务登记

2. 下列关于办理税务登记地点的描述不正确的是（　　　）。

A. 流动经营的个体工商户应向户籍所在地主管税务机关申报办理税务登记

B. 有固定生产经营场所的个体工商业户应向经营地主管税务机关申报办理税务登记

C. 企业、事业单位应向当地主管国家税务机关申报办理税务登记

D. 企业、事业单位跨县（市）、区设立的分支机构只需由总机构向当地主管税务机关申报办理税务登记

3. 纳税人的税务登记内容发生变化时，应当依法向原税务登记机关申报办理（　　　）。

A. 注销税务登记　　　　　　　　　B. 变更税务登记

C. 开业税务登记　　　　　　　　　D. 注册税务登记

4. 某税务分局在检查中发现某企业 2015 年 3 月未办理纳税申报。据此，该税务分局于 5 月 1 日责令其必须在 5 月 15 日前办理纳税申报，你认为同时做出（　　　）元的罚款较为适当。

A. 1 000　　　　　B. 2 500　　　　　C. 3 000　　　　　D. 5 000

5. 未按规定领购发票的行为不包括（　　　）。

A. 向税务机关领购发票　　　　　　B. 私售、倒买倒卖发票

C. 贩运、窝藏假发票　　　　　　　D. 向他人提供发票或者借用他人发票

6. 未按规定取得发票的行为不包括（　　　）。

A. 应取得而未取得发票

B. 取得不符合规定的发票

C. 取得发票时，要求开票方或自行变更品名、金额或增值税税额

D. 取得与实际交易相符的税务机关代开发票

7. 未按规定保管发票的行为不包括（　　　）。

A. 丢失发票

B. 损（撕）毁发票

C. 丢失或擅自销毁发票存根联以及发票登记簿

D. 按规定缴销发票

8. 未按规定保管专用发票的行为不包括（　　　）。

A. 未设专人保管专用发票和专用设备

B. 专柜存放专用发票

C. 拒不接受税务机关检查

D. 未经税务机关查验，擅自销毁专用发票基本联次

9. 专用发票的开具要求不包括（　　　）。

A. 项目齐全并与实际交易相符

B. 字迹清楚，不得压线、错格

C. 发票联和抵扣联加盖财务专用章或者发票专用章

D. 全部联次一次填开

10. 下列不属于纳税申报方式的是（　　　）。

A. 直接申报　　　　B. 邮寄申报　　　　C. 电话通知　　　　D. 数据电文

三、案例分析

2015 年 1 月 1 日，星月集团到工商行政管理机关办理变更经营范围的登记，3 月 20 日，出纳员高峰带着营业执照到税务机关办理变更登记，请分析高峰的做法是否正确，简要说明理由。

四、实务操作

2015 年 2 月 20 日，由于经营范围变更，华日机械厂扩大经营范围，需要到国家税务机关做变更登记。请根据要求填写变更登记表。

变更税务登记表

纳税人名称			纳税人识别号	
变更登记事项				
序号	变更项目	变更前内容	变更后内容	批准机关名称及文件
1				
2				

续表

送交证件情况：	
纳税人 经办人： 法定代表人（负责人）： 纳税人（签章） 年　月　日 年　月　日 年　月　日	

国税主管税务机关审核意见：
 	
经办人：
        税务机关（签章）
        年　月　日
	地税主管税务机关审核意见：
	
	经办人：
	        税务机关（签章）
	        年　月　日

五、课外阅读

增值税普通发票左上角10位代码代表什么

增值税普通发票左上角 10 位代码的含义：第 1～4 位代表各省；第 5～6 位代表制版年度；第 7 位代表印制批次；第 8 位代表发票种类，普通发票用"6"表示；第 9 位代表几联版，二联版用"2"表示，五联版用"5"表示；第 10 位代表金额版本号，电脑版用"0"表示。

项目五

出纳工作交接

【学习目标】

知识目标：能正确理解出纳工作交接的原因；能明确出纳工作交接的内容；能掌握出纳工作交接的方法。

技能目标：会办理出纳工作交接。

情感目标：培养一丝不苟、严谨务实的职业意识；培养职业责任感，树立会计岗位意识和职业道德观念。

任务引入

2015 年 3 月 1 日，某职业学院学生张莹应聘到齐天隆公司担任出纳，丁冬调换到其他会计岗位，需要办理出纳工作交接。

相关知识

一、会计工作交接的意义

会计人员工作交接，也称会计工作交接，是指会计人员工作调动或者因故离职时，与接替人员办理交接手续的一种工作程序。会计人员工作交接是会计工作的一项重要内容。会计人员调动工作或者离职时，与接管人员办清交接手续，是会计人员应尽的职责，也是做好会计工作的要求，具有十分重要的意义。

（1）做好会计交接工作，可以使会计工作前后衔接，保证会计工作连续进行。在持续经营的会计期间，会计工作是不间断进行的。会计人员调动工作或者离职时，与接管人员办清交接手续，是保证会计工作连续进行的必要措施。

（2）做好会计交接工作，可以防止因会计人员更换而出现账目不清、财务混乱的现象。在会计人员更换时，如果不办理会计工作交接，或交接不清，不仅会造成账目不清、财务混乱、财产丢失等，也会给不法分子浑水摸鱼以可乘之机。

会计工作交接是分清移交人员和接管人员工作责任的有效措施，对双方都意义重大。

（3）做好会计交接工作，也是分清移交人员和接管人员工作责任的一项有效措施。在会计工作交接过程中，按规定要进行认真的账目核对、财产清点等工作。因此，做好会计交接工作，不仅有利于加强财务会计管理，同时也便于分清移交人员和接管人员的责任。

【知识链接】《会计法》的相关规定

《会计法》第四十一条规定："会计人员工作调动或者离职，必须与接管人员办清交接手续。一般会计人员办理交接手续，由会计机构负责人（会计主管人员）监交；会计机构负责人（会计主管人员）办理交接手续，由单位负责人监交，必要时主管单位可以派人会同监交。"

二、出纳工作交接的原因或情形

出纳人员办理工作交接手续的主要原因或情形如下。
（1）出纳员因辞职、调动或离开单位。
（2）企业内部工作变动不再担任出纳职务，如出纳岗位轮岗调换到其他会计岗位。
（3）出纳岗位内部增加或减少工作人员进行重新分工。
（4）出纳人员临时离职或者因病不能工作且需要接替或者代理的。
（5）因特殊情况如停职审查等按规定不宜继续从事出纳工作。
（6）企业因其他情况按规定应办理出纳交接工作的，如企业解散、破产、兼并、合并、分立等情况发生时，出纳人员应向接收单位或清算组办理移交。

三、出纳工作交接的具体内容

出纳交接的具体内容一般包括以下几个方面。
（1）现金、贵重物品，包括库存的人民币、外币和其他贵重物品。
（2）有价证券，包括国库券、债券、股票等。
（3）支票，包括空白支票和作废支票、支票领用备查登记簿。
（4）发票，包括空白发票和已用发票（含作废发票）。
（5）收款收据，包括空白收据、已用收据（含作废收据）。
（6）印章，包括发票专用章、银行预留印鉴以及"现金收讫"、"现金付讫"、"银行收讫"、"银行付讫"、"作废"等业务专用章。

（7）出纳凭证，包括库存现金、银行存款、其他与货币资金有关的原始凭证和记账凭证。

（8）出纳账簿，包括现金日记账、银行存款日记账和备查账簿。

（9）用于银行结算的各种银行汇票、银行本票等票据。

（10）其他会计资料和物品，包括银行对账单，应由出纳员保管的证件、合同、协议，办公桌、保险工具的钥匙及各种保密号码，在实行会计电算化的企业还包括会计软件及密码、会计软件数据磁盘等。

四、出纳工作交接的过程

出纳工作交接一般分交接准备、正式交接和交接结束 3 个阶段。

1. 交接准备

为了使出纳工作移交清楚，防止遗漏，保证出纳交接工作顺利进行，出纳人员在办理交接手续前，必须做好以下几项准备工作。

（1）已经受理的出纳业务应当办理完毕。

（2）将出纳账簿登记完毕，在最后一笔余额后加盖名章。出纳日记账应与库存现金、银行存款总账核对相符，库存现金账面余额与实际库存现金核对一致，银行存款账面余额与银行对账单核对无误。

（3）在出纳账簿启用表上填写移交日期，并加盖名章。

（4）整理应移交的各种资料，对未了事项要写出书面说明。

（5）编制移交清册，填明移交的账簿、凭证、现金、有价证券、支票簿、文件资料、印鉴和其他物品的具体名称和数量。实行会计电算化的单位，移交人员还应当在移交清册中列明会计软件及密码、会计软件数据磁盘（磁带等）及有关资料、实物等内容。

2. 正式交接

出纳工作交接，移交人员必须在规定的期限内向接替人员移交清楚。接替人员应当认真按照移交清册当面点收并接管移交工作，继续办理移交的未了事项。

（1）现金、有价证券、贵重物品要根据出纳账簿和备查账簿余额进行逐一点交。接替人员发现不一致时，移交人员在规定期限内负责查清处理。

（2）出纳账簿和其他会计资料必须完整无缺，不得遗漏。如有短缺，由移交人员查明原因，在移交清册中注明，并负责处理。移交人员从事会计电算化工作的，要对有关电子数据在实际操作状态下进行交接。

（3）接替人员应核对出纳账与总账、出纳账与库存现金和银行对账单的余额是否相符，如有不符，应由移交人员查明原因，在移交清册中注明，并负责处理。

（4）接替人员按移交清册点收印章（主要包括财务专用章、支票专用章和领导人名章）及其他实物。

3. 交接结束

交接完毕后，交接双方和监交人，要在移交清册上填写时间并签名盖章。移交清册必须写明单位名称、交接日期、交接双方和监交人的职务及姓名，以及移交清册页数、份数和其他需要说明的问题和意见。

移交清册一般一式三份，双方各执一份，存档一份。

移交人员对所移交的会计凭证、会计账簿、会计报表和其他有关资料的合法性、真实性承担法律责任。接替人员应当继续使用移交的会计账簿，不得自行另立新账，以保持会计记录的连续性。

> **你问我答：**
> 工作交接以后，我所移交的会计资料的合法性、真实性就跟我无关了吧？

任务实施

任务内容：新员工张莹与丁冬办理出纳工作交接。

任务分析：出纳工作交接是保证出纳账目清晰、出纳工作连续进行以及分清责任的一项重要工作。要按照规定认真进行账目核对、财产清点等工作。

2015年3月1日，张莹与丁冬办理了出纳工作交接，过程如下。

（1）在3月1日前，原出纳丁冬将已经受理的出纳业务办理完毕，将尚未登记的账目登记完毕，并在最后一笔余额后加盖个人印章。整理应该移交的各项资料，对未了事项写出书面材料。编制好移交清册，如表5-1所示。

（2）3月1日，在监交人海波的监督下，丁冬按移交清册所列项目将准备齐全的相关资料交给接替人员张莹，并由张莹逐一清点、核对。

（3）双方移交完毕并检查无误后由移交人员丁冬、接替人员张莹和监交人员海波在移交清册上填写时间并签名盖章。

表 5-1　　　　　　　　　　　移交清册

移交清册
1．库存现金和银行存款
（1）库存现金：3月1日账面余额为 3 562.30 元，与实存数相符，日记账余额与总账相符。
（2）银行存款余额为 168 790.90 元，经编制银行存款余额调节表调节相符。
2．会计凭证、账簿、文件
（1）本年度现金日记账 1 本。
（2）本年度银行存款日记账 1 本。
（3）空白现金支票 12 张（00102410～00102421 号）。
（4）空白转账支票 11 张（00485310～00485320 号）。
（5）托收承付、委托收款登记簿 1 本。
（6）托收承付、委托付款登记簿 1 本。
（7）应收票据备查登记簿 1 本。
（8）应付票据备查登记簿 1 本。
（9）转账支票领用登记簿 1 本。
（10）贵重物品明细表 1 份，与实物核对相符。
（11）银行对账单 1～2 月 2 份；2 月银行存款余额调节表及说明 1 份。

续表

3．印鉴

（1）齐天隆公司财务科转账付讫印章 1 枚。

（2）齐天隆公司财务科现金收讫印章 1 枚。

（3）齐天隆公司财务科现金付讫印章 1 枚。

（4）齐天隆公司财务科银行收讫印章 1 枚。

（5）齐天隆公司财务科银行付讫印章 1 枚。

（6）齐天隆公司发票专用章 1 枚。

（7）齐天隆公司法人章 1 枚。

4．交接前后工作责任的划分

2015 年 3 月 1 日前的出纳责任事项由丁冬负责；2015 年 3 月 1 日起的出纳工作由张莹负责。以上移交事项均经交接双方认定无误。

5．本交接书一式三份，双方各执一份，存档一份。

移交人员：丁冬

接替人员：张莹

监交人：　海波

齐天隆公司财务科（盖章）

2015 年 3 月 1 日

岗位能力训练

一、课堂讨论

1．出纳工作交接要注意哪些方面？

2．你对出纳工作交接有什么建议？

二、单项选择

1．一般会计人员在办理会计工作交接手续时，负责监交的人员应当是（　　　）。

　　A．单位职工代表　　　　　　　　B．其他会计人员

　　C．会计机构负责人　　　　　　　D．单位档案管理人员

2．某单位会计人员在办理了会计资料移交后已调离原单位工作岗位，事后发现已移交的会计资料的真实性、完整性存在问题，依照法律应由（　　　）承担法律责任。

　　A．接替人员　　　B．原移交人员　　C．监交人员　　　　D．会计主管人员

3．现金要根据会计账簿记录余额进行当面点交，不得短缺，接替人员发现不一致或"白条抵库"现象时，（　　　）应在规定期限内负责查清处理。

　　A．接替人员　　　B．移交人员　　　C．会计机构负责人　D．出纳

4．根据会计法律制度的规定，下列有关办理会计移交手续的表述中，不正确的是（　　　）。

　　A．会计主管人员办理交接手续，由上级审计部门监交

　　B．经单位领导人批准，委托他人代办移交的，委托人仍应承担相应责任

　　C．因病不能工作的会计人员恢复工作的，也应当与接替人员办理交接手续

D. 单位会计机构负责人晋升为本单位总会计师的，因仍主管会计工作，可不办理交接手续

5. 会计主管人员在办理会计工作交接手续时，负责监交的人员应当是（　　　）。

A. 单位职工代表　　　　　　　　　B. 其他会计人员

C. 单位负责人　　　　　　　　　　D. 单位档案管理人员

6. 根据有关规定，会计人员因故离职时应与接替人员办理工作交接手续。下列选项中，表述正确的是（　　　）。

A. 会计人员调动工作或因故离职，未办清交接手续的，不得调动或离职

B. 一般会计人员办理交接手续，由单位负责人负责监交

C. 交接工作结束后，接替人员应当另立账册记账，以便分清各自职责

D. 交接工作结束后，移交人员与接替人员双方应在移交清册上签章

三、案例分析

1. 华日机械厂是国有企业。厂长孙博将出现工作失误的出纳员田涛革职，并调离会计机构，同时任命现任会计主管李乐的妹妹李婷担任出纳员。当田涛和李婷自行交接工作时，李婷要求田涛作出承诺，对他所移交的会计资料的合法性、真实性负责。田涛认为，工作交接后，有关会计资料的任何问题均与他无关，因此拒绝作出承诺。

请分析：（1）李婷担任出纳员是否合法，为什么？

（2）李婷和田涛的交接是否符合程序？

（3）田涛对交接后的会计责任的看法是否正确，为什么？

2. 2014 年 9 月 7 日，星月集团的出纳员高峰调换到材料会计岗位工作（高峰从 2014 年 3 月 1 日开始担任了半年的出纳工作，此前的出纳员为谢辉，财务负责人为王林），新接任出纳工作的是杜鹃。高峰与杜鹃在单位内部审计人员的监督下办理了交接手续，办理完交接手续后现金日记账的扉页如表 5-2 所示。请指出交接工作的不当之处。

表 5-2　　　　　　　　　　　　　　现金日记账扉页

账 簿 启 用 表										单 位 公 章	
单 位 名 称		星月集团									
账 簿 编 号		字　第　　　号第　　　册共　　　册									
账 簿 页 数		壹本　账簿共计　壹佰页　　　　　　号									
启 用 日 期		2014 年　　　1　月　　　1　日									
经 管 人 员			接 管			移 交		会 计 负 责 人		备　　注	
姓　名	盖 章	年	月	日	年	月	日	姓 名	盖 章		
高 峰	高 峰	2014	3	1	2014	9	7	王 林	王 林		
杜 鹃	杜 鹃	2014	9	7				王 林	王 林		

四、实务操作

以高峰与杜鹃的工作交接为例，说明交接程序，设计一份移交清册。

五、课外阅读

出纳员三字经

出纳员，很关键；静头脑，清杂念。
业务忙，莫慌乱；情绪好，态度谦。
取现金，当面点；高警惕，出安全。
收现金，点两遍；辨真假，免赔款。
支现金，先审单；内容全，要会签。
收单据，要规范；不合规，担风险。
账外账，甭保管；违法纪，又罚款。
长短款，不用乱；平下心，细查点。
借贷方，要分清；清单据，查现款。
月凭证，要规整；张数明，金额清。
库现金，勤查点；不压库，不挪欠。
现金账，要记全；账款符，心坦然。

综合练习

一、练习目的

（1）掌握各种银行结算手续，包括支票结算手续、银行汇票结算手续、银行本票结算手续、商业汇票结算手续、汇兑结算手续、委托收款结算手续和异地托收承付结算手续。

（2）掌握各种银行结算票据填列方法，包括现金支票的填写方法、转账支票的填写方法、银行汇票申请书及银行汇票的填写方法、银行本票申请书及银行本票的填写方法、商业承兑汇票和银行承兑汇票的填写方法、信汇和电汇凭证的填写方法、委托收款结算凭证的填写方法。

（3）掌握收付款业务流程及手续，包括库存现金收付款业务流程和银行存款收付款业务流程。

（4）学会登记现金日记账和银行存款日记账。

二、练习要求

（1）审核原始凭证。

（2）根据发生的经济业务，填制有关原始凭证和记账凭证。

（3）按经济业务发生顺序逐笔登记库存现金日记账，每日终了计算当日的库存现金收入合计数、支出合计数并结计余额。

（4）按经济业务发生顺序逐笔登记银行存款日记账，每日终了结计余额。

（5）模拟办理银行收、付款结算，包括支票的签发核销，收款支票、汇票的银行存入，付款的电汇、汇票的办理，有关结算凭证的传递，日常所需现金的银行存取等。

（6）编制本月发生额试算平衡表并试算平衡。

三、练习教学资料（2015年3月）

> 齐天隆公司的基本情况
> 单位全称：齐天隆公司（增值税一般纳税人）
> 开户银行：中行淄博分行　　银行账号：1004530100
> 纳税人识别号：370305666666666
> 法人代表：张震平　　　会计主管：海波　　　出纳：丁冬
> 地址：淄博市临淄区　　　电话：0533-7588888

齐天隆公司的库存现金限额为 50 000 元，2015 年 2 月月末，公司库存现金余额为 2 500 元，银行存款余额为 1 300 908.90 元。2015 年 3 月发生如下业务。

【业务1】3月2日，接到银行通知，收到销售货款 26 400 元。

中国银行 人民币汇入款托收贷记通知	
	业务编号：1245396309001000
	交易日期：2015/03/02
汇出业务量编号：8245050109002256　　记录状态：D直入账	入账日期：2015/03/02
汇入货币：001　汇款金额：CNY26,400.00　　人民币贰万陆仟肆佰圆整	
汇款行：40501　　上海市松江支行	
汇款人名称：东海公司	
汇款人账号：00009160100091001	
地址：	
汇款摘要：钞汇标识：0汇票　　　汇款用途：01	
附言：	
备注：	
解付序号：1　　解付金额：CNY26,400.00	起息日期：2015/03/02
入账账号：1004530100　　入账金额：	CNY26,400.00
收款人名称：齐天隆公司	
费用账号：-　　　　　　　　　手续费：0	
核销单号：　　　　　　　　　申报单号：	
备注：	
交易机构：3693　部门：66　　机构名称：中国银行淄博分行	
补打，请注意重复　　　　补打日期：2015/03/02　15：21：51	

【业务2】3月3日，销售给光明公司老板桌 10 张，价税合计 117 000 元，收到一张转账支票。

3700082140

山东增值税专用发票

No 01690248

开票日期：2015年3月3日

购买方	名　　称：	光明公司						密码区	803+<3845335*<5>/>5-> +*9>040/0/85-00517*-7 4-7*3899+600/4*/1<446 95/7411684<>>4+5>50	加密版本：01 3700082140 01690248
	纳税人识别号：	370305980765894								
	地址、电话：	淄博市临淄区 0533-7588888								
	开户行及账号：	农行开发区支行 9074305037								

货物或应税劳务、服务名称	规格型号	单位	数量	单价	金额	税率	税额
老板桌		张	10	10 000.00	100 000.00	17%	17 000.00
合　　计					¥100 000.00		¥17 000.00
价税合计（大写）	☒壹拾壹万柒仟元整				（小写）¥117 000.00		

销售方	名　　称：	齐天隆公司
	纳税人识别号：	37030566666666
	地址、电话：	淄博市临淄区 0533-7588888
	开户行及账号：	中行淄博分行 1004530100

复核：　　　　开票人：丁冬　　　　单位：（章）

第一联 记账联 销售方记账凭证

中国银行 转账支票（鲁）中 13389870

出票日期（大写）贰零壹伍 年 叁月零叁日　　付款行名称：010005

收款人：齐天隆公司　　出票人账号：9074305037

人民币（大写）壹拾壹万柒仟元整　　¥117000000

用途

上列款项请从我账户内支付

出票人签章　　　　复核　　　　记账

【业务3】3月3日，销售老板桌一批，收到银行汇票一张，在第三联填写有关内容后到银行进账。

中国银行 银行汇票

2

汇票号码 第5231号

出票期 壹个月		
出票日期（大写）	贰零壹伍年叁月零叁日	
	代理付款行：工商银行长治支行　行号：10231	
收款人：齐天隆公司	账号：1004530100	
出票金额	人民币（大写）	柒万元整
实际结算金额	人民币（大写）	千百十万千百十元角分
申请人：	账号或住址：	324444444
出票行：工商银行	行号 39089	
备注：		密押：　　　科目（借） 多余金额　　对方科目（贷） 千百十万千百十元角分　兑付日期　年月日 复核　　记账
凭票付款	104453010017	
出票行签章	汇票专用章	

此联代理付款行付款后作联行往账借方凭证附件

出票期 壹个月	中	中 国 银 行 银 行 汇 票（解讫通知）			3

			汇票号码 第5231号	

出票日期（大写）　　贰零壹伍年叁月零叁日

代理付款行：工商银行长治支行　　行号：10231

收款人：齐天隆公司		账号：1004530100			

出票金额	人民币（大写）	柒万元整	千百十万千百十元角分

实际结算金额	人民币（大写）		

申请人：晋东南家具股份有限公司	账号或住址：	324444444

出票行：工商银行鞍山　行号：39089

备注：
凭票付款
出票行签章

104453010017

汇票专用章

密押：		科目（借）
	多余金额	对方科目（贷）
千百十万千百十元角分	兑付日期　年 月 日
	复核　　记账

中国银行　进账单　鲁中1001（三联）
年　月　日

出票人	全称		收款人	全称		
	账号			账号		
	开户银行			开户银行		
金额	人民币：（大写）					
票据种类		票据张数				
票据号码						

复核：　　　　　　记账：

淄博中苑金融安全印刷有限公司印制

【业务4】3月5日，销售一批产品给南海公司，价款为20 000元，增值税为3 400元。对方将一张面值为20 000元的银行承兑汇票背书转让给齐天隆公司，余款以现金支付。

银行承兑汇票

出票日期 贰零壹伍年 叁月 零伍日
（大写）

2   DB 01 02496328

出票人全称	广东顺发公司	收款人	全　称	齐天隆公司
出票人账号	1010035788		账　号	1004530100
付款行全称	广发行佛山永丰支行		开户银行	中行淄博分行

出票金额	人民币（大写）	贰万元整	亿 千 百 十 万 千 百 十 元 角 分 ￥ 2 0 0 0 0 0 0

汇票到期日（大写）	贰零壹伍年 玖月零伍日	付款人	行号	306588000120
承兑协议编号	2015粤　088号		地址 佛山市金丰大厦	

本汇票请你行承兑，到期无条件付款。

法杨印廷

（财务专用章）

出票人签章

本汇票已经承兑，到期日由本行付款。
43963

（承兑专用章）306588000120

承兑日期 年 月 日

0073963090003
82051291
3352

备注： 李苔妓　季银英　复核　记账

被背书人	齐天隆公司	被背书人		粘贴单处
娜张印敏（财务专用章）		签章　年 月 日	签章　年 月 日	

【业务5】3月7日，收到银行转来的进账单，为利达公司的材料款，金额为3 000元。

中国银行　进账单

鲁中1087（三联）

2015年 3月 7日

出票人	全称	利达公司	收款人	全称	齐天隆公司
	账号	16030021092		账号	1001530100
	开户银行	工行杏园支行		开户银行	中行淄博分行

金额	人民币：叁仟元整（大写）	亿 千 百 十 万 千 百 十 元 角 分 ￥ 3 0 0 0 0 0

票据种类	转支	票据张数	1
票据号码			

中国银行股份有限公司淄博分行 20150307 转讫（31）

复核：　　记账：

淄博中苑金融安全印刷有限公司印制

【业务6】3月8日，收到海胜公司交来的货款，现金7 600元，开出收款收据。

收 款 收 据

年　月　日　　　　　　　　　No:11588462

交款单位		交款方式											第二联
人民币（大写）			亿	千	百	十	万	千	百	十	元	角	分
交款事由													

收款收据

单位盖章：　　　　会计主管：　　　审核：　　　出纳：　　　经办：

【业务7】3月11日，从大名公司采购一批材料，货款为10 000元，增值税为1 700元，给大名公司出具一张转账支票。

中国银行 转账支票存根（鲁）
EO 02 13389870
附加信息
出票日期　年　月　日
收款人：
金　额：
用　途：
单位主管　会计

中国银行 转账支票（鲁）中行E渝博分行 02 13389870
出票日期（大写）　年　月　日　付款行名称：010401
收款人：　　　　　　　　出票人账号：1044530100
人民币（大写）　　亿千百十万千百十元角分
用途_____
上列款项请从我账户内支付
出票人签章　　　　复核　　记账
本支票付款期限十天

【业务8】3月12日，收到银行本票一张，系前欠货款58 500元（鲁中家具公司账号：764444444，开户银行：中国银行张店支行）。

中 国 银 行
本 票 2　鲁 C12345690

付款期限 贰个月

出票日期（大写）　贰零壹伍年零叁月壹拾贰日

收款人：齐天隆公司		申请人：鲁中家具公司
凭票即付	人民币（大写）伍万捌仟伍佰元整	
转账	现金	
备注：		出票行签章

此联出票行结清本票时作借方凭证

被背书人	被背书人	粘贴单处
背书人签章 年 月 日	背书人签章 年 月 日	
持票人向银行 提示付款签章：	身份证件名称： 号码	发证机关：	

中国银行 INDUSTRIAL AND COMMERCIAL BANK OF CHINA

进 账 单（回单） 1

年 月 日

出票人	全称		收款人	全称		此联是收款人开户银行交持票人的回单
	账号			账号		
	开户银行			开户银行		
金额	人民币： （大写）				亿 千 百 十 万 千 百 十 元 角 分	
票据种类		票据张数				
票据号码						
		复核　　记账		收款人开户银行签章		

【业务 9】3 月 12 日，一张银行承兑汇票即将到期，提示银行付款。该汇票编号为 $\frac{Do}{02}$ 10000091，金额为 248 000 元，付款人为平度市的利民公司，账号为 1234087348，地址为平度市胜利大街 23 号。

中国银行托收凭证　　　1

委托日期：　　年　　月　　日

业务类型		委托收款　（邮划　　电划）		托收承付　（邮划　　电划）		此联收款人开户银行受理回单
付款人	全称		收款人	全称		
	账号			账号		
	地址			地址		
金额人民币 （大写）			千 百 十 万 千 百 十 元 角 分			
款项内容		托收凭据名称		附寄单证张数	张	
商品发运情况				合同名称编码		
备注：		收款人开户银行受理日期 年 月 日		收款人开户银行结算章 年 月 日		

【业务 10】3 月 12 日，出口业务结算完毕，收到银行退回的信用证保证金为 700 000 元。

中国银行（淄博分行）付款通知书
日期20150312
交易代码：191200

名称：中行保证金 - 齐天隆公司		第二联 回单
账号： 1004530100		
保证金编号：010000006		
	金额合计 CNY700,000.00	
金额合计（大写） 人民币柒拾万圆整		

此付款通知书加盖我行业务公章方有效
编号37314090015　　　　　　经办3731409

【业务 11】3 月 15 日，购买生产用电，价款为 100 000.00，增值税为 17 000.00，以转账支票付讫。

中国银行
转账支票存根（鲁）
EO/02 13389001

附加信息

出票日期 年 月 日
收款人：
金 额：
用 途：
单位主管　会计

中国银行 转账支票（鲁）中行淄博 分行
EO/02 13389001

出票日期（大写） 年 月 日　付款行名称：010401
收款人：　　　　　　　　　出票人账号：1004530100

人民币（大写）　　　　　　亿千百十万千百十元角分

本支票付款期限十天

用途
上列款项请从我账户内支付
出票人签章　　　　复核　　　记账

山东增值税专用发票　　　　　No 01690248
3700082140　　　　　　　　　　　开票日期：2015年3月15日

购买方	名　称：齐天隆公司 纳税人识别号：37030256666000-06 地址、电话：淄博市临淄区 0533-7588888 开户行及账号：中行淄博分行 1004530100	密码区	803+<3845335*<5>/>5-> +*9>040/0/85-00517*-7 4-7*3899+600/4*/1<446 95/7411684<>><4+5>50	加密版本：01 3700082140 01690248
货物或应税劳务、服务名称	规格型号	单位	数量	单价	金额	税率	税额
电		度	154702.97	0.6464	100 000.00	17%	17 000.00
合　　计					￥10 000.00		￥17 000.00
价税合计（大写）　⊙拾壹万柒仟元整					（小写）￥117000.00		
销售方	名　称：日盛热电有限公司 纳税人识别号：370303264267865 地址、电话：淄博市临淄区 0533-7532686 开户行及账号：工商银行西山分理处 208765309						

复核：　　　　　开票人：马明　　　　　单位：（章）

第二联抵扣联购买方扣税凭证

3700082140

山东增值税专用发票

No 01690248

开票日期：2015年3月15日

购买方	名　称：齐天隆公司 纳税人识别号：3 7 0 3 0 5 6 6 6 6 6 6 6 6 6 6 地址、电话：淄博市临淄区　0533-7588888 开户行及账号：中行淄博分行　1004530100		密码区	803+<3845335*<5>/>5-> +*9>040/0/85-00517*-7 4-7*3899+600/4*/1<446 95/7411684<>><4+5>>50	加密版本：01 3700082140 01690248
货物或应税劳务、服务名称	规格型号	单位	数量	单价	金额	税率	税额
电		度	154702.97	0.6464	100 000.00	17%	17 000.00
合　计							￥17 000.00
价税合计（大写）	⊗拾壹万柒仟元整					17000.00

销售方	名　称：日盛热电有限公司 纳税人识别号：370303264267865 地址、电话：淄博市临淄区　0533-7532686 开户行及账号：工商银行西山分理处　208765309	备注	税号：370303264267865 发票专用章

复核：　　　开票人：马明　　　单位：（章）

第三联 发票联 购买方记账凭证

【业务 12】3 月 16 日，开出银行承兑汇票 35 100 元购买木材。

3700082140

山东增值税专用发票

No 01690248

开票日期：2015年3月16日

购买方	名　称：齐天隆公司 纳税人识别号：3 7 0 3 0 5 6 6 6 6 6 6 6 6 6 6 地址、电话：淄博市临淄区　0533-7588888 开户行及账号：中行淄博分行　1004530100		密码区	803+<3845335*<5>/>5-> +*9>040/0/85-00517*-7 4-7*3899+600/4*/1<446 95/7411684<>><4+5>>50	加密版本：01 3700082140 01690248
货物或应税劳务、服务名称	规格型号	单位	数量	单价	金额	税率	税额
木材	立方米	张	50	600.00	30 000.00	17%	5 100.00
合　计					￥30 000.00		￥5 100.00
价税合计（大写）	⊗叁万伍仟壹佰元整				（小写）￥35100.00

销售方	名　称：德隆公司 纳税人识别号：370305980765894 地址、电话：淄博市临淄区　0533-7588888 开户行及账号：农行开发区支行　9074305037	备注	税号：370305980765894 发票专用章

复核：　　　开票人：陈文明　　　单位：（章）

第二联 抵扣联 购买方扣税凭证

3700082140

山东增值税专用发票

No 01690248

开票日期：2015年3月16日

购买方	名　称：齐天隆公司 纳税人识别号：3 7 0 3 0 5 6 6 6 6 6 6 6 6 6 6 地址、电话：淄博市临淄区　0533-7588888 开户行及账号：中行淄博分行　1004530100		密码区	803+<3845335*<5>/>5-> +*9>040/0/85-00517*-7 4-7*3899+600/4*/1<446 95/7411684<>><4+5>>50	加密版本：01 3700082140 01690248
货物或应税劳务、服务名称	规格型号	单位	数量	单价	金额	税率	税额
木材	立方米	张	50	600.00	30 000.00	17%	5 100.00
合　计					￥30 000.00		￥5 100.00
价税合计（大写）	⊗叁万伍仟壹佰元整				（小写）￥35100.00

销售方	名　称：德隆公司 纳税人识别号：370305980765894 地址、电话：淄博市临淄区　0533-7588888 开户行及账号：农行开发区支行　9074305037	备注	税号：370305980765894 发票专用章

复核：　　　开票人：陈文明　　　单位：（章）

第三联 发票联 购买方记账凭证

银行承兑汇票

出票日期 贰零壹伍年 叁月 壹拾陆日
（大写）

2　　DB/01 02496326

出票人全称	齐天隆公司	收款人	全　称	德隆公司
出票人账号	1004530100		账　号	9074305037
付款行全称	中行淄博分行		开户银行	农行开发区支行

出票金额　人民币（大写）　　　　　　　　　　亿千百十万千百十元角分　¥ 3 5 1 0 0 0 0 0

汇票到期日（大写）　贰零壹伍年 玖月壹拾陆日　　付款　行号　010001

承兑协议编号 2015淄　047号　　　　付款地址　淄博市临淄区

本汇票请你行承兑，到期无条件付款。

本汇票已经承兑，到期日由本行付款。

0073963090003
82051291
3355

平张印震

10044530100 17

出票人签章

承兑日期 汇承年月日

承兑行签章

备注：李敏娜　江兰英　复核　记账

齐天隆公司　　　　　　　　　　　　　　No 0011547

物　资　入　库　单

2015 年　3 月　16 日　　第　号

名　称	规　格	单位	数量	单　价	金　额	损耗	备　注
木材	附明细				30 000.00		
合　　计					30 000.00		

保管员：杨胜　　　经办人　　　制单：唐清平

二联　财务

【业务13】3月17日，从淄博林阳材料厂采购一批木材，给对方开出转账支票，金额为 9 360 元，到银行填写进账单办理。

中国银行
转账支票存根（鲁）

EO/02 13389002

附加信息

出票日期　年　月　日
收款人：
金　额：
用　途：
单位主管　　会计

中国银行 转账支票（鲁）中行淄博 分行

EO/02 13389002

出票日期（大写）　年　月　日　　付款行名称：010401
收款人：　　　　　　　　　　出票人账号：1004530100

人民币（大写）　　　　　　　　亿千百十万千百十元角分

用途 _____

上列款项请从
我账户内支付
出票人签章　　　　　　复核　　记账

本支票付款期限十天

3700082140　　　　　　　**山东增值税专用发票**　　　　　　No 01690248

开票日期：2015年3月17日

购买方	名　称：齐天隆公司 纳税人识别号：370305666606666 地址、电话：淄博市临淄区　0533-7588888 开户行及账号：中行淄博分行　1004530100	密码区	803+‹3845335*‹5›/›5-› +*9›040/0/85-00517*-7 4-7*3899+600/4*/1‹446 95/7411684‹›‹4+5›50	加密版本：01 3700082140 01690248

货物或应税劳务、服务名称	规格型号	单位	数量	单价	金额	税率	税额
老板桌桌面	立方米	张	20	400.00	8 000.00	17%	1 360.00
合　计					¥8 000.00		¥1 360.00
价税合计（大写）		⊗玖仟叁佰陆拾元整				（小写）¥9360.00	

销售方	名　称：淄博林阳材料厂 纳税人识别号：370303859609012 地址、电话：淄博市东城区56号　0533-7685743 开户行及账号：建设银行东城支行　6400900367	备注

复核：　　　　开票人：马三　　　　单位：（章）

第二联抵扣联购买方扣税凭证

3700082140　　　　　　　**山东增值税专用发票**　　　　　　No 01690248

开票日期：2015年3月17日

购买方	名　称：齐天隆公司 纳税人识别号：370305666606666 地址、电话：淄博市临淄区　0533-7588888 开户行及账号：中行淄博分行　1004530100	密码区	803+‹3845335*‹5›/›5-› +*9›040/0/85-00517*-7 4-7*3899+600/4*/1‹446 95/7411684‹›‹4+5›50	加密版本：01 3700082140 01690248

货物或应税劳务、服务名称	规格型号	单位	数量	单价	金额	税率	税额
老板桌桌面	立方米	张	20	400.00	8 000.00	17%	1 360.00
合　计					¥8 000.00		¥1 360.00
价税合计（大写）		⊗玖仟叁佰陆拾元整				（小写）¥9360.00	

销售方	名　称：淄博林阳材料厂 纳税人识别号：370303859609012 地址、电话：淄博市东城区56号　0533-7685743 开户行及账号：建设银行东城支行　6400900367	备注

复核：　　　　开票人：马三　　　　单位：（章）

第三联发票联购买方记账凭证

中国银行　进 账 单（回单）　1

INDUSTRIAL AND COMMERCIAL BANK OF CHINA

年　月　日

出票人	全称		收款人	全称	
	账号			账号	
	开户银行			开户银行	

金额	人民币： （大写）		亿	千	百	十	万	千	百	十	元	角	分

票据种类		票据张数	
票据号码			

复核　　记账　　　　　　　　　　收款人开户银行签章

此联是收款人开户银行交持票人的回单

【业务 14】 3 月 18 日，到银行申请银行本票 58 500 元给淄博伟大国际货运代理有限公司，用以支付前欠运费。淄博伟大国际货运代理有限公司账号为 32898989856，开户行为中行淄博分行。

银行本票申请书（存 根）　①　NO1.：000123

申请日期　年　月　日

申请人		收款人	
账 号或住址		账 号或住址	
用 途		代理付款行	
汇款金额	人民币（大写）		万 千 百 十 万 千 百 十 元 角 分
备注：			
		科目_____	
		对方科目_____	
		财务主管　复核　经办	

此联申请人留存

【业务 15】 3 月 19 日，收到银行收款通知，系前期销售托收承付收款，金额为 117 000 元。

中国银行托收凭证　　　4

委托日期：2015年 3 月 19 日

业务类型	委托收款 （邮划　电划）		托收承付 （邮划　电划）	
付款人	全称	利达公司	收款人 全称	齐天隆公司
	账号	16030021096	账号	1004530100
	开户银行	淄博市临淄区	开户银行	淄博市临淄区
金额人民币（大写）	壹拾壹万柒仟元整		亿 千 百 十 万 千 百 十 元 角 分 ￥ 1 1 7 0 0 0 0 0	
款项内容		托收凭证名称	发票 附寄单证张数 1	
商品发运情况	已发运		合同名称编码 421	
备注：	上述款项随附有关单据证明，请予办理。			

此联为收账通知

收款人签章

【业务 16】 3 月 20 日，李亮出差，预借差旅费为 5 000 元，以现金支付。

借 款 申 请 单

2015年3月20日

借款单位	办公室李亮	
用途	出差烟台预借差旅费	
金额（大写）	人民币伍仟元整	现金付讫
还款计划	2015年3月25日	
领导批准	张震平	借款人签字（盖章）　李亮

【业务 17】 3 月 21 日，现金支付快递费为 190 元。

淄博市服务业务统一发票

发票代码 2 3 7 0 2 0 8 7 1 3 1 5
发票号码

项　目	单位	数　量	单　价	金额 万 千 百 十 元 角 分	备　注
快递费				1 9 0 0 0	
合计人民币 壹佰玖拾元整（大写）				￥ 9	

填票人：梁顶　　　　　　　收款人：苗苗　　　　　　　单位名称（盖章）

此发票显绿色,否则无效。举报违章发票查实有奖。邮编：266071　★此发票在阳光下可显示"淄博地税"字样

【业务18】3月22日，支付办公用品款3 300元，开出转账支票。

山东省商品销售统一发票

密码

137030095653

NO 04724563

客户名称及地址：齐天隆公司　　　　　　　　　　2015年3月22日填制

品　名	规格	部位	数　量	单价	满	金额 千 百 十 元 角 分	备注
办公用品（附明细）			××			3 0 0 0	
					元		
					无		
					效		
合　计 人民币(大写)叁仟叁佰元整						3 0 0 0	

填票人：芦笛　　　　　　收款人：蔺非　　　　　单位名称（盖章）

注：**此发票二0一五年底前开具有效。**

中国银行转账支票存根（鲁）　E O／02 13389870 附加信息 出票日期　年　月　日 收款人： 金　额： 用　途： 单位主管　会计	中国银行 转账支票（鲁）中行淄博分行　E O／02 13389870 出票日期（大写）　年　月　日　付款行名称：010401 收款人：　　　　　　　　　出票人账号：1004530100 人民币（大写）　亿千百十万千百十元角分 用途： 上列款项请从 我账户内支付 出票人签章　　　　复核　　　记账 本支票付款期限十天

【业务19】3月23日，收到银行付款通知，金额为23 400元，系支付前欠货物款，同意支付。

中国银行托收凭证　　　　5

委托日期：2015年 3月 23日

业务类型	委托收款 （邮划　电划）		托收承付 （邮划　电划）								
出票人	全称	齐天隆公司	收款人	全称	明亮公司						
	账号	1004530100		账号	16030021096						
	开户银行	淄博市临淄区		开户银行	淄博市临淄区						
金额人民币（大写）	贰万叁仟肆佰元整				亿 千 百 十 万 千 百 十 元 角 分 ¥ 2 3 4 0 0 0 0						
款项内容	托收凭证名称	发票	附寄单证张数		1						
商品发运情况	已发运		合同名称编码		5421						
备注：	上述款项随附有关货务证明，予以处理。		收款人开户银行结算章								
	收款人签章		年　月　日								

此联收款人开户银行给付款人的承付支款通知

【业务20】3月24日，以现金支付车辆保险费为1 220元。

保险业专用发票
INSURANCE　TRADE　INVOICE

发票代码 237030831204
发票号码 00160238

企业名称：齐天隆公司
车　名：一般机动车 等，见保费清单
机动车号：DA20096069670000231　批单号：DA20096069670000231
End. No.
保险费金额(大写)：　(人民币)捌佰元整　(小写)：　800.00
Premium Amount(In Figures)　(In Figures)
代收车船税(小写)：　420.00　滞纳金(小写)：　420.00
Vehicle &Vessel Tax(In Figures)　Oyeerdue fine(In Figures)
合计(大写)：壹仟贰佰贰拾元整　(小写)：　1220.00
Consist(In Figures)　(In Figures)
附注：
Remarks

保险公司名称：　复核：Cheeked by　经手人：Handler
Insurance Company
保险公司签章：　地址：Add　电话：Tel
Stamped by Insurance Company
保险公司纳税人识别号：　(手写无效)
Taxpayer Identification No.　Not Valid If In Hand Written

第二联 发票联 付款方留存

【业务21】3月25日，办理信用证保证金存款，金额为1 000 000元。

（　淄博分行　）业务受理通知书

日期　20150325　　　时间　92441

机构名称　淄博分行新村西路支行
交易名称　保证金存入

3708130004291
保证金-齐天隆公司
010000006　　币种：CNY
1102　　　利率浮动比：0.00
动点数：113　　利率：0.00 ％
号码：02015101
出账号：3703010603018150029031

人民币壹佰万元整

金额：1000000.00
20150325

（银行签章）

会计主管　　授权员：3731158　　流水号：37314090002　　经办员：3731409

原件附件张

【业务22】3月27日，签发现金支票为5 000元，提现备用。

中国银行 现金支票存根（鲁） E O 02 13389870 附加信息： 出票日期 年 月 日 收款人： 金 额： 用 途： 单位主管　会计	中国银行　现金支票（鲁）中行淄博 13389870 02

中国银行 现金支票（鲁） 中行淄博 02 13389870

出票日期（大写） 年 月 日　付款行名称：010401
收款人：　　　　　　　　　　　出票人账号：1044530100

本支票付款期限十天

人民币（大写）　　　　　　　　　亿千百十万千百十元角分

用途
上列款项请从我账户内支付
出票人签章　　　　复核　　　记账

附加信息： 身份证件名称：　　　　　发证机关： 号码	收款人签章 年 月 日	粘贴单处

【业务23】3月27日，以现金支付电话费587.20元。

中国移动通信集团山东有限公司专用发票
发票联
发票代码：237030842401
发票号码：07857908
日期：2015年3月27日

姓名		李四	受理类别	
号码		13513456789	合同号	
本月应收：587.20		中国移动通信集团山东有限公司淄博分公司 370301706378232 发票专用章		
大写金额	伍佰捌拾柒元贰角整		小写金额	¥587.20

话费账期：　　　营业员工号：　　　收款单位名称：

【业务24】3月28日，从南京公司采购老板桌桌面，申请银行汇票以支付货款为9 360元。

3700082140　　山东增值税专用发票　　No 01690248
开票日期：2015年3月28日

购买方	名　称：齐天隆公司 纳税人识别号：37030566660b655 地　址、电话：淄博市临淄区 0533-7588888 开户行及账号：中行淄博分行 1004530100	密码区	803+<3845335*<5>/>5-> +*9>040/0/85-00517*-7 4-7*3899+600/4*/1<446 95/7411684><<4+5>50	加密版本：01 3700082140 01690248

货物或应税劳务、服务名称	规格型号	单位	数量	单价	金额	税率	税额
老板桌桌面		张	20	400	8 000.00	17%	1 360.00
合　计							¥1 360.00
价税合计（大写）	□玖仟叁佰陆拾元整					（小写）	¥9360.00

销售方	名　称：南京公司 纳税人识别号：480303264267888 地　址、电话：南京市太平路 0533-7532686 开户行及账号：工商银行太平路支行 208765388	备注	南京公司 税号：480303264267888 发票专用章

复核：　　　开票人：陆发　　　单位：（章）

3700082140

山东增值税专用发票

No 01690248

开票日期：2015年3月28日

购买方	名　称：齐天隆公司
	纳税人识别号：37030566660666666
	地址、电话：淄博市临淄区 0533-7588888
	开户行及账号：中行淄博分行　1004530100

密码区	803+<3845335*<5>/>5- -*9>040/0/85-00517*-7 4-7*3899+600/4*/1<446 95/7411684<>/<4+5>50	加密版本：01 3700082140 01690248

货物或应税劳务、服务名称	规格型号	单位	数量	单价	金额	税率	税额
老板桌桌面		张	20	400	8 000.00	17%	1 360.00
合　计							¥1 360.00

价税合计（大写）　⊗玖仟叁佰陆拾元整　　　　　　　　　　¥9360.00

销售方	名　称：南京公司
	纳税人识别号：480303264267888
	地址、电话：南京市太平路 0533-7532686
	开户行及账号：工商银行太平路支行 208765388

注：税号：370303264267865 发票专用章

复核　　　　开票人：陆发　　　　单位：（章）

第三联 发票联 购买方记账凭证

中国银行 汇票申请书

鲁中1103（三联）

申请日期：　年　月　日　　　NO: HP 0 1 2 2 8 4 3

申请人		收款人	
账号或住址		账号或住址	
用　途		代理付款行	

汇票金额	人民币大写	亿　仟　佰　拾　万　仟　佰　拾　元　角　分	亿千百十万千百十元角分

支付密码

科　目：

对方科目：

银行转讫/现讫章

财务主管　　　复核　　　经办

第三联：申请人留存

【业务25】3月29日，以电汇支付前欠明锐公司货款 15 400 元整，汇款地点为山西太原，明锐公司的开户行为中国银行太原分行，账号为 14220253。

境内汇款申请书

鲁中1109（三联）

中国银行 BANK OF CHINA

委托日期：　年　月　日

业务编号：

请将下述款项用以下方式汇出：
- □ 实时汇划
- □ 普通汇款
- □ 同业汇款　NO:HK 12427992

汇款申请人 客户填写	全称		收款人	全称		银行打印
	账号			账号		金额
	汇款人地址			汇入地地址	省（区）　市（县）	
	汇出行名称			汇入行名称		手续费：
	身份证件号		扣账方式	□ 转账　□ 现金　□ 其他		电子汇划费（邮费）：
	金额（货币大写）			亿千百十万千百十元角分		
	汇款用途		支付密码：			总金额：
	汇款人联系电话					
	收款人联系电话					

（银行转讫/现讫章）

业务主管　　　授权　　　复核　　　经办　　　核 印（密）章

请仔细阅读北面之客户须知，并准确填写。

第一联 银行借方记账附件

中国银行 转账支票（鲁）中行E0淄博02 13389870

出票日期（大写）贰零壹伍 年 叁月 贰拾玖 日　付款行名称：010401
出票人：　明锐公司　　　　　　　　　出票人账号：1044530100

（大写）壹万伍仟肆佰元整　￥1540000

用途　货款

上列款项请从
我账户内支付
出票人签章

平张印震

复核　　记账

【业务 26】 3 月 29 日，张三出差借款为 5000 元，开出现金支票。

中国银行
现金支票存根（鲁）

E0
02 13389870

附加信息

出票日期 年 月 日
收款人：
金　额：
用　途：
单位主管　会计

本支票付款期限十天

中国银行 现金支票（鲁）中行E0淄博02 13389870

出票日期（大写）　年　月　日　付款行名称：010401
收款人：　　　　　　　　　　出票人账号：1044530100

人民币
（大写）　　　　　　亿千百十万千百十元角分

用途

上列款项请从
我账户内支付
出票人签章　　　　　　复核　　记账

附加信息：

收款人签章
年　　月　　日

粘贴单处

身份证件名称：　　　　　　发证机关：

号码

【业务 27】 3 月 30 日，以现金支付招待费为 500 元。（定额发票共 10 张）

山东省淄博市通用定额发票
ZIBO SHANDONG QUOTA GENERAL INVOECE

发票代码 INVOICE CODE：2370330800008
发票号码 INVOICE No：00127723

密　码
PASSWORD

经营项目：
IIEMS OF BUSINESS
付款单位（个人）
PAYER

伍 拾 元
FIFTY YUAN

收款单位（盖章无效）　　开票日期　年 月 日
PAYEE(SEAL)　　　　　DATE ISSUED　Y M D

兑 奖 联

奖 区
AWARD AREA
发票代码：237030800008
INVOICE CODE

发票号码：00127723
INVOICE No

密 码
PASSWORD

税号：370303264267865

告各事项：1. 中奖后，在兑
奖前不得将发票联和兑奖联
撕开，否则，不予兑奖。
2.刮开奖区覆盖层后显示中
奖金额或"谢谢您"。

【业务 28】 3 月 31 日，以现金支付银行手续费。

业 务 收 费 凭 证

2015年03月31日　　　　流水号:3706361410160000001

名称:齐天隆公司			账号:1044530100		
	工本费	手续费	电子汇划费		金额
	0	60	0		RMB60.00
金额(大写)人民币陆拾元整					RMB60.00
付款方式	转账				

（印章：中国银行股份有限公司淄博分行 2015.03.31 现金收讫（14））

会计主管　　　　授权　　　　复核　　　　录入　明达

第二联　客户回单

【业务 29】 3 月 31 日，以现金购买空白支票，金额为 60 元。

中国银行空白凭证领购单

2015年3月31日

名　称	领购凭证号码		单位本/份	数量	单价	工本费						手续费标准	手续费					
	起　号	止　号				千	百	十	元	角	分		千	百	十	元	角	分
齐天隆公司 1004530100																		
合计人民币大写						小计							小计					
						金额合计												

凭证管库员:　　　　　　　复核:　　　　记账:

（印章：中国银行股份有限公司淄博分行 2015.03.31 现金收讫 银行转讫章）

第三联：代客户回单或领入行入库单

【业务 30】 3 月 31 日，承兑汇票到期，银行通知扣款为 34 650.00 元。

中 国 银 行 （ 淄博分行 ） 记账回执　　　SLAA　92774707

73620	回单编号：09000040	回单类型：票据系统	状态：允许打印

银行承兑汇票到期扣款　　　业务种类：　　　业务编号：

记入账号：1005430100　　　付款人地址：
付款人名称：齐天隆公司
报文编号：　　　发报行码：　　　发报行名：

收款人账号：　　　收款人地址：
收款人名称：

货币、金额：CHY34,650.00
金额（大写）：叁万肆仟陆佰伍拾元整

附　　　言：汇票编号08137111到期日20110531
摘　　　要：子码001
票据日期：20141231　　票据号码：08137111
交易代码：313300　　借贷标志：借方　　复核柜员：　　　销账编号
入账日期：20150331　　会计流水：B0000059066　记账柜员：B000001　记账机构：373800
打印日期：20150331　　打印机构：373620　　打印柜员：3731409

（银行盖章）

【业务 31】 3 月 31 日，长期借款到期，偿还款项为 5 000 000 元。

淄博分行贷款还款凭证

打印日期：　　　2015/03/31

编　　　号：5624750		机构代码：　　3963
名　　　称：齐天隆公司		

货款账号	归还金额	现有余额	备注

金额合计……：	（大写）	人民币伍佰万元整
	（小写）	CNY ***5,000,000.00

付款账号……：　396356247508093001　　　起息日：　2014/12/31
合同编号……：　07602624
交易业务号…：　3963LAAA09000116

开票：孙霞　　　记账：　　　复核：　　　（盖章）

【业务 32】3 月 31 日，将现金 3 000 元存入银行。

现 金 交 款 单

2015年 3月31日　　　　　　　　流水号:3706361590070000041

名　称	齐天隆公司	交款人											
账　号	1044530100	款项来源											
金额 （大写）			亿	千	百	十	万	千	百	十	元	角	分

账号：1044530100
户名：齐天隆公司
交易码　　　　　收付　　　　金额

110201　　　　收　　　3,000.00

　　　　　　收入金额：3,000.00　　　付出金额 0.00
　　　　　　实收金额：3,000.00
交易日期：2015年03月31日

现金回单(无银行打印记录及银行签章此单无效)

2015.03.31
现金收讫
（16）

第二联　客户回单

复核　　　　　　　　　　　　录入 王长凤　　　　　　出纳

【业务 33】登记库存现金日记账。

库存现金 日记账

年		凭证		摘要	对方科目	借方									贷方									借或贷	余额								
月	日	种类	号数			千	百	十	万	千	百	十	元	角	分	千	百	十	万	千	百	十	元	角	分		千	百	十	万	千	百	十	元	角	分

【业务 34】登记银行存款日记账。

银行存款 日记账

年		凭证		摘要	对方科目	借方										贷方										借或贷	余额								
月	日	种类	号数			千	百	十	万	千	百	十	元	角	分	千	百	十	万	千	百	十	元	角	分		千	百	十	万	千	百	十	元	角	分

【业务 35】编制本月发生额试算平衡表并试算平衡。

试算平衡表

年　　月　　日 至　　日

会计科目	本期借方发生额										本期待方法生额									
	千	百	十	万	千	百	十	元	角	分	千	百	十	万	千	百	十	元	角	分

人民币银行结算账户管理办法

第一章 总 则

第一条 为规范人民币银行结算账户（以下简称银行结算账户）的开立和使用，加强银行结算账户管理，维护经济金融秩序稳定，根据《中华人民共和国中国人民银行法》和《中华人民共和国商业银行法》等法律法规，制定本办法。

第二条 存款人在中国境内的银行开立的银行结算账户适用本办法。

本办法所称存款人，是指在中国境内开立银行结算账户的机关、团体、部队、企业、事业单位、其他组织（以下统称单位）、个体工商户和自然人。

本办法所称银行，是指在中国境内经中国人民银行批准经营支付结算业务的政策性银行、商业银行（含外资独资银行、中外合资银行、外国银行分行）、城市信用合作社、农村信用合作社。

本办法所称银行结算账户，是指银行为存款人开立的办理资金收付结算的人民币活期存款账户。

第三条 银行结算账户按存款人分为单位银行结算账户和个人银行结算账户。

（一）存款人以单位名称开立的银行结算账户为单位银行结算账户。单位银行结算账户按用途分为基本存款账户、一般存款账户、专用存款账户、临时存款账户。

个体工商户凭营业执照以字号或经营者姓名开立的银行结算账户纳入单位银行结算账户管理。

（二）存款人凭个人身份证件以自然人名称开立的银行结算账户为个人银行结算账户。

邮政储蓄机构办理银行卡业务开立的账户纳入个人银行结算账户管理。

第四条 单位银行结算账户的存款人只能在银行开立一个基本存款账户。

第五条 存款人应在注册地或住所地开立银行结算账户。符合本办法规定可以在异地（跨省、市、县）开立银行结算账户的除外。

第六条 存款人开立基本存款账户、临时存款账户和预算单位开立专用存款账户实行核准制度，经中国人民银行核准后由开户银行核发开户登记证。但存款人因注册验资需要开立的临时存款账户除外。

第七条 存款人可以自主选择银行开立银行结算账户。除国家法律、行政法规和国务院规定外，任何单位和个人不得强令存款人到指定银行开立银行结算账户。

第八条 银行结算账户的开立和使用应当遵守法律、行政法规，不得利用银行结算账户进行偷逃税款、逃废债务、套取现金及其他违法犯罪活动。

第九条 银行应依法为存款人的银行结算账户信息保密。对单位银行结算账户的存款和有关资料，除国家法律、行政法规另有规定外，银行有权拒绝任何单位或个人查询。对个人银行结算账户的存款和有关资料，除国家法律另有规定外，银行有权拒绝任何单位或个人查询。

第十条 中国人民银行是银行结算账户的监督管理部门。

第二章 银行结算账户的开立

第十一条 基本存款账户是存款人因办理日常转账结算和现金收付需要开立的银行结算账户。下列存款人，可以申请开立基本存款账户：

（一）企业法人。

（二）非法人企业。

（三）机关、事业单位。

（四）团级（含）以上军队、武警部队及分散执勤的支（分）队。

（五）社会团体。

（六）民办非企业组织。

（七）异地常设机构。

（八）外国驻华机构。

（九）个体工商户。

（十）居民委员会、村民委员会、社区委员会。

（十一）单位设立的独立核算的附属机构。

（十二）其他组织。

第十二条 一般存款账户是存款人因借款或其他结算需要，在基本存款账户开户银行以外的银行营业机构开立的银行结算账户。

第十三条 专用存款账户是存款人按照法律、行政法规和规章，对其特定用途资金进行专项管理和使用而开立的银行结算账户。对下列资金的管理与使用，存款人可以申请开立专用存款账户：

（一）基本建设资金。

（二）更新改造资金。

（三）财政预算外资金。

（四）粮、棉、油收购资金。

（五）证券交易结算资金。

（六）期货交易保证金。

（七）信托基金。

（八）金融机构存放同业资金。

（九）政策性房地产开发资金。

（十）单位银行卡备用金。

（十一）住房基金。

（十二）社会保障基金。

（十三）收入汇缴资金和业务支出资金。

（十四）党、团、工会设在单位的组织机构经费。

（十五）其他需要专项管理和使用的资金。

收入汇缴资金和业务支出资金，是指基本存款账户存款人附属的非独立核算单位或派出机构发生的收入和支出的资金。

因收入汇缴资金和业务支出资金开立的专用存款账户，应使用隶属单位的名称。

第十四条 临时存款账户是存款人因临时需要并在规定期限内使用而开立的银行结算账户。有下列情况的，存款人可以申请开立临时存款账户：

（一）设立临时机构。

（二）异地临时经营活动。

（三）注册验资。

第十五条 个人银行结算账户是自然人因投资、消费、结算等而开立的可办理支付结算业务的存款账户。有下列情况的，可以申请开立个人银行结算账户：

（一）使用支票、信用卡等信用支付工具的。

（二）办理汇兑、定期借记、定期贷记、借记卡等结算业务的。

自然人可根据需要申请开立个人银行结算账户，也可以在已开立的储蓄账户中选择并向开户银行申请确认为个人银行结算账户。

第十六条 存款人有下列情形之一的，可以在异地开立有关银行结算账户：

（一）营业执照注册地与经营地不在同一行政区域（跨省、市、县）需要开立基本存款账户的。

（二）办理异地借款和其他结算需要开立一般存款账户的。

（三）存款人因附属的非独立核算单位或派出机构发生的收入汇缴或业务支出需要开立专用存款账户的。

（四）异地临时经营活动需要开立临时存款账户的。

（五）自然人根据需要在异地开立个人银行结算账户的。

第十七条 存款人申请开立基本存款账户,应向银行出具下列证明文件：

（一）企业法人，应出具企业法人营业执照正本。

（二）非法人企业，应出具企业营业执照正本。

（三）机关和实行预算管理的事业单位，应出具政府人事部门或编制委员会的批文或登记证书和财政部门同意其开户的证明；非预算管理的事业单位，应出具政府人事部门或编制委员会的批文或登记证书。

（四）军队、武警团级（含）以上单位以及分散执勤的支（分）队，应出具军队军级以上单位财务部门、武警总队财务部门的开户证明。

（五）社会团体，应出具社会团体登记证书，宗教组织还应出具宗教事务管理部门的批文或证明。

（六）民办非企业组织，应出具民办非企业登记证书。

（七）外地常设机构，应出具其驻在地政府主管部门的批文。

（八）外国驻华机构，应出具国家有关主管部门的批文或证明；外资企业驻华代表处、办事处应出具国家登记机关颁发的登记证。

（九）个体工商户，应出具个体工商户营业执照正本。

（十）居民委员会、村民委员会、社区委员会，应出具其主管部门的批文或证明。

（十一）独立核算的附属机构，应出具其主管部门的基本存款账户开户登记证和批文。

（十二）其他组织，应出具政府主管部门的批文或证明。

本条中的存款人为从事生产、经营活动纳税人的，还应出具税务部门颁发的税务登记证。

第十八条　存款人申请开立一般存款账户，应向银行出具其开立基本存款账户规定的证明文件、基本存款账户开户登记证和下列证明文件：

（一）存款人因向银行借款需要，应出具借款合同。

（二）存款人因其他结算需要，应出具有关证明。

第十九条　存款人申请开立专用存款账户，应向银行出具其开立基本存款账户规定的证明文件、基本存款账户开户登记证和下列证明文件：

（一）基本建设资金、更新改造资金、政策性房地产开发资金、住房基金、社会保障基金，应出具主管部门批文。

（二）财政预算外资金，应出具财政部门的证明。

（三）粮、棉、油收购资金，应出具主管部门批文。

（四）单位银行卡备用金，应按照中国人民银行批准的银行卡章程的规定出具有关证明和资料。

（五）证券交易结算资金，应出具证券公司或证券管理部门的证明。

（六）期货交易保证金，应出具期货公司或期货管理部门的证明。

（七）金融机构存放同业资金，应出具其证明。

（八）收入汇缴资金和业务支出资金，应出具基本存款账户存款人有关的证明。

（九）党、团、工会设在单位的组织机构经费，应出具该单位或有关部门的批文或证明。

（十）其他按规定需要专项管理和使用的资金，应出具有关法规、规章或政府部门的有关文件。

第二十条　合格境外机构投资者在境内从事证券投资开立的人民币特殊账户和人民币结算资金账户纳入专用存款账户管理。其开立人民币特殊账户时应出具国家外汇管理部门的批复文件，开立人民币结算资金账户时应出具证券管理部门的证券投资业务许可证。

第二十一条　存款人申请开立临时存款账户，应向银行出具下列证明文件：

（一）临时机构，应出具其驻在地主管部门同意设立临时机构的批文。

（二）异地建筑施工及安装单位，应出具其营业执照正本或其隶属单位的营业执照正本，以及施工及安装地建设主管部门核发的许可证或建筑施工及安装合同。

（三）异地从事临时经营活动的单位，应出具其营业执照正本以及临时经营地工商行政管理部门的批文。

（四）注册验资资金，应出具工商行政管理部门核发的企业名称预先核准通知书或有关部门的批文。

本条第二、三项还应出具其基本存款账户开户登记证。

第二十二条　存款人申请开立个人银行结算账户，应向银行出具下列证明文件：

（一）中国居民，应出具居民身份证或临时身份证。

（二）中国人民解放军军人，应出具军人身份证件。

（三）中国人民武装警察，应出具武警身份证件。

（四）中国香港、澳门特别行政区居民，应出具港澳居民往来内地通行证；中国台湾地区居民，应出具台湾居民来往大陆通行证或者其他有效旅行证件。

（五）外国公民，应出具护照。

（六）法律、法规和国家有关文件规定的其他有效证件。

银行为个人开立银行结算账户时，根据需要还可要求申请人出具户口簿、驾驶执照、护照等有效证件。

第二十三条　存款人需要在异地开立单位银行结算账户，除出具本办法第十七条、十八条、十九条、二十一条规定的有关证明文件外，应出具下列相应的证明文件：

（一）经营地与注册地不在同一行政区域的存款人，在异地开立基本存款账户的，应出具注册地中国人民银行分支行的未开立基本存款账户的证明。

（二）异地借款的存款人，在异地开立一般存款账户的，应出具在异地取得贷款的借款合同。

（三）因经营需要在异地办理收入汇缴和业务支出的存款人，在异地开立专用存款账户的，应出具隶属单位的证明。

属本条第二、三项情况的，还应出具其基本存款账户开户登记证。

存款人需要在异地开立个人银行结算账户，应出具本办法第二十二条规定的证明文件。

第二十四条　单位开立银行结算账户的名称应与其提供的申请开户的证明文件的名称全称相一致。有字号的个体工商户开立银行结算账户的名称应与其营业执照的字号相一致；无字号的个体工商户开立银行结算账户的名称，由"个体户"字样和营业执照记载的经营者姓名组成。自然人开立银行结算账户的名称应与其提供的有效身份证件中的名称全称相一致。

第二十五条　银行为存款人开立一般存款账户、专用存款账户和临时存款账户的，应自开户之日起3个工作日内书面通知基本存款账户开户银行。

第二十六条　存款人申请开立单位银行结算账户时，可由法定代表人或单位负责人直接办理，也可授权他人办理。

由法定代表人或单位负责人直接办理的，除出具相应的证明文件外，还应出具法定代表人或单位负责人的身份证件；授权他人办理的，除出具相应的证明文件外，还应出具其法定代表人或单位负责人的授权书及其身份证件，以及被授权人的身份证件。

第二十七条　存款人申请开立银行结算账户时，应填制开户申请书。开户申请书按照中国人民银行的规定记载有关事项。

第二十八条　银行应对存款人的开户申请书填写的事项和证明文件的真实性、完整性、合规性进行认真审查。

开户申请书填写的事项齐全，符合开立基本存款账户、临时存款账户和预算单位专用存款账户条件的，银行应将存款人的开户申请书、相关的证明文件和银行审核意见等开户资料报送中国人民银行当地分支行，经其核准后办理开户手续；符合开立一般存款账户、其他专用存款账户和个人银行结算账户条件的，银行应办理开户手续，并于开户之日起5个工作日内向中国人民银行当地分支行备案。

第二十九条　中国人民银行应于2个工作日内对银行报送的基本存款账户、临时存款账户和预算单位专用存款账户的开户资料的合规性予以审核，符合开户条件的，予以核准；不符合开户条件的，应在开户申请书上签署意见，连同有关证明文件一并退回报送银行。

第三十条　银行为存款人开立银行结算账户，应与存款人签订银行结算账户管理协议，明确双方的权利与义务。除中国人民银行另有规定的以外，应建立存款人预留签章卡片，并将签章式样和有关证明文件的原件或复印件留存归档。

第三十一条　开户登记证是记载单位银行结算账户信息的有效证明，存款人应按本办法的规定使用，并妥善保管。

第三十二条　银行在为存款人开立一般存款账户、专用存款账户和临时存款账户时，应在其基本存款账户开户登记证上登记账户名称、账号、账户性质、开户银行、开户日期，并签章。但临时机构和注册验资需要开立的临时存款账户除外。

第三章　银行结算账户的使用

第三十三条　基本存款账户是存款人的主办账户。存款人日常经营活动的资金收付及其工资、奖金和现金的支取，应通过该账户办理。

第三十四条　一般存款账户用于办理存款人借款转存、借款归还和其他结算的资金收付。该账户可以办理现金缴存，但不得办理现金支取。

第三十五条　专用存款账户用于办理各项专用资金的收付。

单位银行卡账户的资金必须由其基本存款账户转账存入。该账户不得办理现金收付业务。

财政预算外资金、证券交易结算资金、期货交易保证金和信托基金专用存款账户不得支取现金。

基本建设资金、更新改造资金、政策性房地产开发资金、金融机构存放同业资金账户需要支取现金的，应在开户时报中国人民银行当地分支行批准。中国人民银行当地分支行应根据国家现金管理的规定审查批准。

粮、棉、油收购资金，社会保障基金，住房基金和党、团、工会经费等专用存款账户支取现金应按照国家现金管理的规定办理。

收入汇缴账户除向其基本存款账户或预算外资金财政专用存款账户划缴款项外，只收不付，不得支取现金。业务支出账户除从其基本存款账户拨入款项外，只付不收，其现金支取必须按照国家现金管理的规定办理。

银行应按照本条的各项规定和国家对粮、棉、油收购资金使用管理规定加强监督，对不符合规定的资金收付和现金支取，不得办理。但对其他专用资金的使用不负监督责任。

第三十六条　临时存款账户用于办理临时机构以及存款人临时经营活动发生的资金收付。

临时存款账户应根据有关开户证明文件确定的期限或存款人的需要确定其有效期限。存款人在账户的使用中需要延长期限的，应在有效期限内向开户银行提出申请，并由开户银行报中国人民银行当地分支行核准后办理展期。临时存款账户的有效期最长不得超过2年。

临时存款账户支取现金，应按照国家现金管理的规定办理。

第三十七条　注册验资的临时存款账户在验资期间只收不付，注册验资资金的汇缴人应与出资人的名称一致。

第三十八条　存款人开立单位银行结算账户，自正式开立之日起3个工作日后，方可办理付款业务。但注册验资的临时存款账户转为基本存款账户和因借款转存开立的一般存款账户除外。

第三十九条　个人银行结算账户用于办理个人转账收付和现金存取。下列款项可以转入个人银行结算账户：

（一）工资、奖金收入。

（二）稿费、演出费等劳务收入。

（三）债券、期货、信托等投资的本金和收益。

（四）个人债权或产权转让收益。

（五）个人贷款转存。

（六）证券交易结算资金和期货交易保证金。

（七）继承、赠与款项。

（八）保险理赔、保费退还等款项。

（九）纳税退还。

（十）农、副、矿产品销售收入。

（十一）其他合法款项。

第四十条　单位从其银行结算账户支付给个人银行结算账户的款项，每笔超过5万元的，应向其开户银行提供下列付款依据：

（一）代发工资协议和收款人清单。

（二）奖励证明。

（三）新闻出版、演出主办等单位与收款人签订的劳务合同或支付给个人款项的证明。

（四）证券公司、期货公司、信托投资公司、奖券发行或承销部门支付或退还给自然人款项的证明。

（五）债权或产权转让协议。

（六）借款合同。

（七）保险公司的证明。

（八）税收征管部门的证明。

（九）农、副、矿产品购销合同。

（十）其他合法款项的证明。

从单位银行结算账户支付给个人银行结算账户的款项应纳税的，税收代扣单位付款时应向其开户银行提供完税证明。

第四十一条　有下列情形之一的，个人应出具本办法第四十条规定的有关收款依据。

（一）个人持出票人为单位的支票向开户银行委托收款，将款项转入其个人银行结算账户的。

（二）个人持申请人为单位的银行汇票和银行本票向开户银行提示付款，将款项转入其个人银行结算账户的。

第四十二条　单位银行结算账户支付给个人银行结算账户款项的，银行应按第四十条、第四十一条规定认真审查付款依据或收款依据的原件，并留存复印件，按会计档案保管。未提供相关依据或相关依据不符合规定的，银行应拒绝办理。

第四十三条　储蓄账户仅限于办理现金存取业务，不得办理转账结算。

第四十四条　银行应按规定与存款人核对账务。银行结算账户的存款人收到对账单或对账信息后，应及时核对账务并在规定期限内向银行发出对账回单或确认信息。

第四十五条　存款人应按照本办法的规定使用银行结算账户办理结算业务。

存款人不得出租、出借银行结算账户，不得利用银行结算账户套取银行信用。

第四章　银行结算账户的变更与撤销

第四十六条　存款人更改名称，但不改变开户银行及账号的，应于 5 个工作日内向开户银行提出银行结算账户的变更申请，并出具有关部门的证明文件。

第四十七条　单位的法定代表人或主要负责人、住址以及其他开户资料发生变更时，应于 5 个工作日内书面通知开户银行并提供有关证明。

第四十八条　银行接到存款人的变更通知后，应及时办理变更手续，并于 2 个工作日内向中国人民银行报告。

第四十九条　有下列情形之一的，存款人应向开户银行提出撤销银行结算账户的申请：

（一）被撤并、解散、宣告破产或关闭的。

（二）注销、被吊销营业执照的。

（三）因迁址需要变更开户银行的。

（四）其他原因需要撤销银行结算账户的。

存款人有本条第一、二项情形的，应于 5 个工作日内向开户银行提出撤销银行结算账户的申请。

本条所称撤销是指存款人因开户资格或其他原因终止银行结算账户使用的行为。

第五十条　存款人因本办法第四十九条第一、二项原因撤销基本存款账户的，存款人基本存款账户的开户银行应自撤销银行结算账户之日起 2 个工作日内将撤销该基本存款账户的情况书面通知该存款人其他银行结算账户的开户银行；存款人其他银行结算账户的开户银行，应自收到通知之日起 2 个工作日内通知存款人撤销有关银行结算账户；存款人应自收到通知之日起 3 个工作日内办理其他银行结算账户的撤销。

第五十一条　银行得知存款人有本办法第四十九条第一、二项情况，存款人超过规定期限未主动办理撤销银行结算账户手续的，银行有权停止其银行结算账户的对外支付。

第五十二条　未获得工商行政管理部门核准登记的单位，在验资期满后，应向银行申请撤销注册验资临时存款账户，其账户资金应退还给原汇款人账户。注册验资资金以现金方式存入，出资人需提取现金的，应出具缴存现金时的现金缴款单原件及其有效身份证件。

第五十三条　存款人尚未清偿其开户银行债务的，不得申请撤销该账户。

第五十四条　存款人撤销银行结算账户，必须与开户银行核对银行结算账户存款余额，交回各种重要空白票据及结算凭证和开户登记证，银行核对无误后方可办理销户手续。存款人未按规定交回各种重要空白票据及结算凭证的，应出具有关证明，造成损失的，由其自行承担。

第五十五条　银行撤销单位银行结算账户时应在其基本存款账户开户登记证上注明销户日期并签章，同时于撤销银行结算账户之日起 2 个工作日内，向中国人民银行报告。

第五十六条　银行对一年未发生收付活动且未欠开户银行债务的单位银行结算账户，应通知单位自发出通知之日起 30 日内办理销户手续，逾期视同自愿销户，未划转款项列入久悬未取专户管理。

第五章　银行结算账户的管理

第五十七条　中国人民银行负责监督、检查银行结算账户的开立和使用，对存款人、银行违反银行结算账户管理规定的行为予以处罚。

第五十八条　中国人民银行对银行结算账户的开立和使用实施监控和管理。

第五十九条　中国人民银行负责基本存款账户、临时存款账户和预算单位专用存款账户开户登记证的管理。

任何单位及个人不得伪造、变造及私自印制开户登记证。

第六十条　银行负责所属营业机构银行结算账户开立和使用的管理，监督和检查其执行本办法的情况，纠正违规开立和使用银行结算账户的行为。

第六十一条　银行应明确专人负责银行结算账户的开立、使用和撤销的审查和管理，负责对存款人开户申请资料的审查，并按照本办法的规定及时报送存款人开销户信息资料，建立健全开销户登记制度，建立银行结算账户管理档案，按会计档案进行管理。

银行结算账户管理档案的保管期限为银行结算账户撤销后 10 年。

第六十二条　银行应对已开立的单位银行结算账户实行年检制度，检查开立的银行结算账户的合规性，核实开户资料的真实性；对不符合本办法规定开立的单位银行结算账户，应予以撤销；对经核实的各类银行结算账户的资料变动情况，应及时报告中国人民银行当地分支行。

银行应对存款人使用银行结算账户的情况进行监督，对存款人的可疑支付应按照中国人民银行规定的程序及时报告。

第六十三条　存款人应加强对预留银行签章的管理。单位遗失预留公章或财务专用章的，应向开户银行出具书面申请、开户登记证、营业执照等相关证明文件；更换预留公章或财务专用章时，应向开户银行出具书面申请、原预留签章的式样等相关证明文件。个人遗失或更换预留个人印章或更换签字人时，应向开户银行出具经签名确认的书面申请，以及原预留印章或签字人的个人身份证件。银行应留存相应的复印件，并凭以办理预留银行签章的变更。

第六章　罚　　则

第六十四条　存款人开立、撤销银行结算账户，不得有下列行为：

（一）违反本办法规定开立银行结算账户。

（二）伪造、变造证明文件欺骗银行开立银行结算账户。

（三）违反本办法规定不及时撤销银行结算账户。

非经营性的存款人，有上述所列行为之一的，给予警告并处以 1 000 元的罚款；经营性的存款人有上述所列行为之一的，给予警告并处以 1 万元以上 3 万元以下的罚款；构成犯罪的，移交司法机关依法追究刑事责任。

第六十五条　存款人使用银行结算账户，不得有下列行为：

（一）违反本办法规定将单位款项转入个人银行结算账户。

（二）违反本办法规定支取现金。

（三）利用开立银行结算账户逃废银行债务。

（四）出租、出借银行结算账户。

（五）从基本存款账户之外的银行结算账户转账存入、将销货收入存入或现金存入单位信用卡账户。

（六）法定代表人或主要负责人、存款人地址以及其他开户资料的变更事项未在规定期限内通知银行。

非经营性的存款人有上述所列一至五项行为的，给予警告并处以 1 000 元罚款；经营性的存款人有上述所列一至五项行为的，给予警告并处以 5 000 元以上 3 万元以下的罚款；存款人有上述所列第六项行为的，给予警告并处以 1 000 元的罚款。

第六十六条　银行在银行结算账户的开立中，不得有下列行为：

（一）违反本办法规定为存款人多头开立银行结算账户。

（二）明知或应知是单位资金，而允许以自然人名称开立账户存储。

银行有上述所列行为之一的，给予警告，并处以 5 万元以上 30 万元以下的罚款；对该银行直接负责的高级管理人员、其他直接负责的主管人员、直接责任人员按规定给予纪律处分；情节严重的，中国人民银行有权停止对其开立基本存款账户的核准，责令该银行停业整顿或者吊销经营金融业务许可证；构成犯罪的，移交司法机关依法追究刑事责任。

第六十七条 银行在银行结算账户的使用中，不得有下列行为：

（一）提供虚假开户申请资料欺骗中国人民银行许可开立基本存款账户、临时存款账户、预算单位专用存款账户。

（二）开立或撤销单位银行结算账户，未按本办法规定在其基本存款账户开户登记证上予以登记、签章或通知相关开户银行。

（三）违反本办法第四十二条规定办理个人银行结算账户转账结算。

（四）为储蓄账户办理转账结算。

（五）违反规定为存款人支付现金或办理现金存入。

（六）超过期限或未向中国人民银行报送账户开立、变更、撤销等资料。

银行有上述所列行为之一的，给予警告，并处以 5 000 元以上 3 万元以下的罚款；对该银行直接负责的高级管理人员、其他直接负责的主管人员、直接责任人员按规定给予纪律处分；情节严重的，中国人民银行有权停止对其开立基本存款账户的核准，构成犯罪的，移交司法机关依法追究刑事责任。

第六十八条 违反本办法规定，伪造、变造、私自印制开户登记证的存款人，属非经营性的处以 1 000 元罚款；属经营性的处以 1 万元以上 3 万元以下的罚款；构成犯罪的，移交司法机关依法追究刑事责任。

第七章 附 则

第六十九条 开户登记证由中国人民银行总行统一式样，中国人民银行各分行、营业管理部、省会（首府）城市中心支行负责监制。

第七十条 本办法由中国人民银行负责解释、修改。

第七十一条 本办法自 2003 年 9 月 1 日起施行。1994 年 10 月 9 日中国人民银行发布的《银行账户管理办法》同时废止。

参考文献

一、法律法规

1. 中华人民共和国会计法
2. 会计基础工作规范
3. 会计档案管理办法
4. 人民币银行结算账户管理办法
5. 支付结算办法
6. 中华人民共和国票据法

二、书籍

1. 左卫青. 出纳实务[M]. 济南：山东人民出版社，2011.
2. 林云刚，朱建君. 出纳岗位实务[M]. 北京：电子工业出版社，2008.
3. 鄢烈仿. 出纳实务[M]. 武汉：华中科技大学出版社，2007.
4. 刘晓光，崔维. 新手学出纳[M]. 北京：人民邮电出版社，2008.
5. 黄明，郭大伟. 会计原理实验教程[M]. 北京：高等教育出版社，2004.
6. 田国强. 出纳实务[M]. 上海：立信会计出版社，2006.
7. 财政部会计资格评价中心. 初级会计实务[M]. 北京：中国财政经济出版社，2007.